まみちゃんのハッピーロード

ダウン症児と教師の学び合いの記録

「ダウン症候群」について

この病気の研究者、イギリスのラングドン・ダウン医師の名に由来した病名。ダウン症候群とは、何かの偶然で、染色体の数が増えてしまうという異変である。この異変は誰にでも起きる可能性があり、遺伝ではない。原因は、まだ明らかになっておらず、いろいろな説があるが、新生児の六百〜七百人に一人の割合で生まれる可能性があるとされている。

個人差はあるが、身体的特徴のほかに、運動機能や精神発達の遅れがある。また、先天性の心臓病や白血病を併発することが多く、体質的には虚弱であるものの、現在、平均寿命は五十歳を上回っている。

外国では、ダウン症候群の子どもたちは「エンジェル・ベビー」と呼ばれ、愛情が豊かで、穏やかで素直な性格を持ち、育つ環境を整えることや、育て方・訓練の方法で伸びていく可能性を持った子どもたちである。

まみちゃんの「ハッピーロード」（まえがきにかえて）

まみちゃんがいつも「ハッピーロード」と呼んでうたっていた大好きな曲があります。伝えたくても伝えきれない気持ちが、心いっぱいにあふれ出たとき、この曲を聴くと静かに落ち着いてくるようでした。音楽が大好きなまみちゃん。何度も何度も繰り返して聴くうちに、ラジオカセットの使い方を覚え、歌詞も暗誦し、クラスの友達に歌を教えてあげられるようになりました。

初めてまみちゃんに出会った頃はお互いに言葉での関係性がとれず、まみちゃんの気持ちをまったく理解することができませんでした。指導方法の糸口がつかめないまま過ぎていく日々に不安を感じ、私自身が落ち着いてまみちゃんの様子を見ていくために、この記録をつけ始めました。

ひとつひとつの興味を積み重ねながら、ゆっくりと成長していくまみちゃん。そんなまみちゃんの姿にたくさんのことを気づかされ、教えられ、私もまみちゃんといっしょに成長することができました。教師としての様々な喜びと感動を与えてくれたまみちゃんに、感謝の気持ちでいっぱいです。

「ハッピーロード」という曲は「カントリー・ロード」という曲のことです。英語の「カントリー・ロード」ではなく、アニメ映画『耳をすませば』の日本語の「カントリー・ロード」です。

カントリー・ロード
この道　ずっとゆけば
あの街に　つづいてる
気がする　カントリー・ロード

ひとりぼっち　おそれずに
生きようと　夢みてた
さみしさ　押し込めて
強い自分を　守っていこう

カントリー・ロード
この道　ずっとゆけば
あの街に　つづいてる
気がする　カントリー・ロード

目次

一九九九年　春

これまで受け持ったことのない状態の生徒が四月から入学してくるという連絡を受けました。就学相談で「養護学校が適切である」という判断を受けたダウン症候群の女の子が、市内の「中学校の心障学級」へ入学させたいという両親の希望で、私の受け持つ心障学級「I組」（アイ組）へ入学することに決まったという知らせでした。

その女の子は、視写（お手本を目で見ながら書き写すこと）でひらがなを少しと、同じく視写で数字を10まで書くということ、小学校三年生の時に心臓の手術をしており、現在は、筋弛緩症のため一日一キロまでの歩行許可と一週間に一回三キロ程度の歩行許可が出ているということでした。また、首の骨が少しずれているため、学校へは車での登下校をするということを知らされました。

それが、太田麻実子――「まみちゃん」という生徒との出会いでした。この時、まみちゃんとの出会いが、教師としての私にたくさんの「学び」と「喜び」をもたらせてくれるようになるとは、まったく思ってもみませんでした。それどころか、心障学級の教師として二年目を終えたばかりの私に果たしてやっていけるのだろうかという不安な気持ちが広がっていくだけでした。

現在の公立中学校の心障学級に赴任する前は、体育教師として二十六年間教鞭をとっていました。体育教師から心障学級の教師へと転じたのは、子どもが大好きだった母が心障学級の教師をしていた影響で、教職生活の最後は心障学級で教えたいという思いを持ち続けていたからです。しかし、そのように決心し、実際に転じたきっかけは「子どもたちが全員同じことをきちんとする」と、それを気持ちよく感じてしまう私自身に恐ろしさを感じたからです。

特に私が体育教師だったからかもしれませんが、その時、教師としての教育方針に迷い、戸惑い、何か教育の根本が間違っていたのではないかと考え始めたのです。そこで、まず自分を変えないと生きていく意味がないように思って決めたことでもありました。

しかし、一人一人の子どもにどれだけの指導ができるのか、まだまだ指導力など指の先ほどもない自分に、まみちゃんの教育などできるのだろうか、と思い悩む日々が始まりました。けれども、頭の中だけで悩んでいてもしかたがないので、とにかく精一杯がんばってみようと、入学式まで心の準備をととのえて待つことにしました。

一九九九年　一年生　一学期・記録

四月

入学式

いよいよ心障学級「Ｉ組」（アイ組）にまみちゃんが入学してきた。体育館で入学式が行われた。私の側に、まみちゃんが緊張した顔をして座っている。名前を呼ばれたらきちんと返事をして立てるのだろうかと不安だ。

ついさっきまで、教室で「入学式に出たくない」という様子をしていたので、何事も出だしが肝心だと自分に言い聞かせながら、まみちゃんと一緒に並んで入学式に参加することにしたのだ。

まみちゃんの名前が呼ばれる順番が近づいてきた。「太田麻実子」――まみちゃんを呼ぶ声が体育館中に響き渡る。その時、立てないと思っていたまみちゃんがすうっと立ち上がった。

今年の一年生は、まみちゃんとみかちゃんの女子二名だけで、「Ｉ組」（アイ組）としては、三年生の女子ゆきちゃんを加え、女子生徒三名の少人数クラスだ。教員は、私と今年通常学級から初めて心障学級に移動されてきた神谷先生（男性）の二名。それに十二年目のベテラン介助の山岡さん（女性）を加え三名のスタッフで「I組」を受け持つこととなった。

しかし、入学式はなんとか終わったものの、言葉をはっきり話すことができず、多少の意思表示はするものの、何がいやで、どうしたいのか、私はまみちゃんのことをまったくわかってあげることができない。言葉での関係がとれないので、ますます不安がつのるばかりだ。まみちゃんもそんな私の気持ちが伝わるのか、緊張した硬い表情のまま帰っていった。

入学式の翌日、校庭の桜の花をバックに学級写真を撮ることにした。しかし、その時が来てもまみちゃんは教室の床に座り込み動こうとはしない。私はどんな言葉でまみちゃんに校庭へ行くことを伝えたらいいのかわからず、困った、困ったとばかり思っていた。ふと、無理に校庭で写真を撮らなくても、教室で撮ることにしようと思い直し、撮影場所を変更することにした。通常学級の撮影終了後、写真屋に来てもらい、教室で集合して撮り終えた。

新入生を迎えに来られた父兄に「今年は撮影場所を変更して教室で撮りました」と伝えたところ、まみちゃんのお母さんがすぐに「申し訳ありません」と謝られた。すっかり戸惑ってしまった。私としてはどこで写真を撮っても一向にかまわない気持ちだったが、お母さんはまみちゃんが迷惑をかけてしまったに違いないと心を痛められたのだろう。これから先どのように事実を伝えていったら、お母さんに心配をかけないようにできるのだろうかと、また思い悩んでしまった。

四月九日金曜日（日誌より）

朝、学校へ登校するとすぐに自分で制服からジャージ（体育着）に着替えをすることになっている。まみちゃんは着替えをいやがる。着替えさせ始めると自分でやり出す。まみちゃんの緊張と硬直した態度。日に日にやわらいでいるのかもしれないが、それが見えてこない。不安が増してくる。どうしよう、どう指導したらいいのか。

中学に入ってから初めての授業が行われた。ベテランの音楽教師の授業だ。この先生の指導にまみちゃんがどう反応するのだろうと、そっと陰から見ていると、なんと私が思い描いていたまみちゃんではなかった。机を寄せて「はい」、立って「はい」、「なんでー」。この「なんでー」はまみちゃんが唯一はっきりと言語として出す言葉であり、何かを理解しようとする思いが込められた言葉でもある。その「なんでー」を繰り返しながら授業に参加しているまみちゃんの姿は、私にすごいショックと新しい発見を与えてくれた。つまり、教師の指導によって動くということは、すべての指示を理解しているということである。私は、まみちゃんの能力（すべての点において）を理解できないでいたのだ。その音楽教師の授業が始まると、ストレッチ、歌と他の生徒以上に喜び、生き生きと参加し、表現しているではないか。これを見て、私は指導する側の子どもへの理解不足を痛感することとなった。「この子はできないのよ……この子はこれくらいまでよ……この子はこんなものか……」など勝手に子どもの能力に限界を与えて伸びる力をつみ取っているのだということに気づいた。まみちゃんの能力を引き出すことができないでいた原因は私自身の中にあったのだ。

まみちゃんは筋弛緩症のため歩行制限があることと、首の骨が少しずれているため、登下校をタクシーで行っている。お父さんやボランティアの方の送迎の時もあるが、タクシーに関してはまったくの自費で賄っておられるので、その負担だけでも大変なものだと思う。

朝、お母さんが介助してまみちゃんだけをタクシーに乗せ、学校へ到着すると、タクシーを降りる時から山岡さんが介助をし、教室へ入って制服からジャージに着替えをするという手順で過ごしている。すんなりと着替えができる時もあるが、もちろん、そうでない時もある。立ったまま着替えをしたり、くつの着脱をすることは難しいので、椅子に座って行う。階段の昇降にも介助が必要だ。身体的なことでは、肌も弱く、体温調節機能がうまく働いていないので、常に気温に注意し水分補給等を心がけなければならない。また、咀嚼《そしゃく》力や嚥下《えんげ》能力も弱いので、少しずつストローで水分をとるという方法をとっている。また、足の成長が未発達なため、歩行しやすいくつを用意するなど、基本的な生活にまつわる諸事情もいろいろとあるようだ。

トイレは、教師の方でいやがるまみちゃんを連れていくのだが、中に入ると一人できちんと用をすませて出てくる。手洗い・手拭きはほんとうに几帳面で習慣化されている。しかし、今のところ自分からは絶対にトイレに行こうとしない。

まみちゃんは、音楽の授業が大好きで、入学後まもなく、介助もつかず一人で他の生徒たちと同じように参加するようになった。体育の授業は、まみちゃんの状態を考慮しながら、四〇〇メートルから八〇〇メートルぐらいはゆっくりランニングができるようになるといいと思う。そのように指導していきたいとは思っているが、実際のところどうなるのか見当もつかない。他の生徒のように次から次への場所移動というものが一人ではスムーズにできないことが多く、体育の授業が終わったあと、急に床に座り込みてこでも動く様子がなくなる。理解はできているのかもしれないが、行動に出せないのだろう。あいかわらず、指導方法の糸口がつかめないまま、一日、一日と過ぎていく。あせらずにあせらずに指導していかなければならないと自分に言い聞かせているのだが、気持ちばかりがあせってしまい、また、指導の壁にぶつかってしまう。

四月十六日金曜日（日誌より）
給食を食べ終わるやいなやスプーン、箸、コップ、食器を突然投げる。立ち上がり、黒板のチヨークや教室にある物など、手に届く物すべてを力一杯投げる。押さえて冷静にさせようとしてもパニック状態で、どう押さえていいのかわからない。
二人の教員と一人の介助の三人で、少し落ち着くまでやらせておこうと決め、しばらく放っておいて見守ることにした。しかし目つき、顔つきがきつくこのままでは身体的にも良くない。「まみちゃん、やめようね」と声かけをして押さえてみた。ところがパニック状態は収まるどころかさらに悪化した。原因はまったく見あたらない。入学式以来の不安と緊張が爆発したのだろうか。約一時間半ぐらいでパニック状態が少し収まりかけている時に、お母さんがボランティアの方とお迎えに見えた。お母さんの顔を見てもまだ興奮が収まらず、少し時間がたってやっと帰ることとなった。

少しずつ慣れてきていると思っていたのだが、このパニック状態は、私にとってもショックな出来事だった。今後どうなっていくのだろうと考えるとますます不安がつのり始める。「こんなにひどいのは初めて見ました」とおっしゃったお母さんの言葉が重い。私の指導がうまくいかないので、自分を理解してもらえない気持ちをこういう形でまみちゃんは表現しているのだろうか。家に帰ってからも、明日からどう指導すればいいのだろうかと、そのことばかりが頭の中に浮かんでくるが、いくら考えても良い指導方法などまったく考えつかない。

音楽の時間には生き生きとした顔と態度を見せてくれるまみちゃん。しかし、その一方ではパニック状態になって物を投げたり、床に座ったきり動かなくなってしまうまみちゃん。これからの指導はどうなるのだろうか。果たして私に何かできるのだろうか。途方に暮れてしまう。何が原因で物を投げるのか、何が原因で動かなくなるのか、さっぱりわからない。とにかく、まず私自身が落ち着いてまみちゃんの様子を見ていくこと、そして毎日、記録をつけ続けることを心に決めた。

わずかの言葉でしか自分の意志を伝えられないまみちゃん。あいかわらず、何を言いたいのか理解してあげることができない。「ああ、苦しんでいるんだなあ」「何か言いたいことがあるのだなあ」と少しずつまみちゃんの気持ちが見えてきた気もしてきたが、そんな私の気持ちを吹き飛ばすように、英語の時間にまたパニックになり、物を投げ、机や椅子を倒した。給食時間になってもパン、ヨーグルトを投げ、まだまだ物を投げ続けるので、とうとうお母さんに電話をし「少し厳しい指導をしてもいいでしょうか?」と相談したところ、「とにかく、納得させてやって下さい」という言葉が返ってきた。

その時、私には、まみちゃんを納得させる方法がまったく見あたらなかった。お母さんの「納得」という言葉から、「理解できる心をまみちゃんは持っているのだ」ということにしか考えがおよばず、物を投げないようにまみちゃんに伝え、納得させるにはどう指導すればよいのか見当もつかなかった。また、途方に暮れたまま終わってしまった。

次の日も、その次の日も相変わらず物を投げ、体育の授業を終えて教室に戻る時になると体育館のステージの床に座り込んで動かなくなる。いつも同じ場所に座るまみちゃん。まみちゃんが座り込んだり、物を投げたりするところはいつも同じ場所なのだ。場所に何か問題があるのだろうか。なかなか原因がつかめない。きっとまみちゃんなりに理由があるのだろうとは思うのだが、私はまったくわかってあげることができない。

給食時間、また箸を投げ始めたので「物を投げるのはやめようね」と注意だけして見守っていると、給食を食べ始める前に「こわい」という様子で少し震えているような感じがした。理由はわからないが、なんとなくこわがっている気持ちだけ伝わってきたような気がしたのだ。給食を食べるという行為自体がこわくて物を投げていたのだろうか。一口食べさせてみると次からは自分で食べ始めた。

着脱や移動、また、物を投げる行為もまわりの様子を見ているようで、四月の初めに比べたら全体的にほんの少しだが変化してきているような気がする。物を投げる時に、まわりで何かいやなことを言ったりやったりしているわけではないので、過去の記憶の中で、人に言われたいろんなことを突然思い出すのかもしれない。とにかく、物を投げて自分の意思表示をしているのだろうと思えるようにはなってきたが、その理由はさっぱりつかめないまま日が過ぎていく。

五月

ＰＴＡ総会で、ほんとうにひさしぶりにまみちゃんのお母さんにお会いした。初めてお会いした時より、お母さんの表情がずいぶんやわらかいように感じる。以前は、まみちゃんの進学問題を考えることに始まり、もろもろの心配事が山のようで、自然と表情にも厳しいものが漂っておられたのだろう。しかし、ここにきてほんの少しだけ、ほんとうにほんの少しだけだが、まみちゃんの成長が見えてきたので、気持ちにゆとりが出てこられたに違いない。そんなお母さんの様子を見て、私の気持ちもほんの少しだけ軽くなった。こうして親も教師も子どもに関しては同時に学び、成長させられているのだろう。

学習面ではまみちゃんは確実に進歩してきている。「ぼうし」「リボン」「バイオリン」とはっきり言えるようになり、「8」と書くと「はち」と読めるようになってきた。やはり指導している言葉や数などは頭の中にしっかり記憶されている。「記憶の積み重ね」ができるということは、限りない可能性を秘めているということだ。とにかくやりたいようにやらせながら、ゆっくりやっていくことにした。この指導方法がいいのか悪いのか今のところさっぱりわからないが、結果が出るのをあせらずに待つしかないのだろう。

春の遠足

昭和記念公園へ遠足に行く。立川駅までバスで行き、立川駅から一・二キロほど歩く。まみちゃんが途中で座り込んだので、両サイドに神谷先生と私が付き、まみちゃんの手を持って歩かせた。昭和記念公園に着いてからは一人一台ずつカメラを渡して好きな花や植物、人物を撮らせてみる。まみちゃんもシャッターを押すことができ、カメラが気に入ったようで大喜びである。帰りは立川駅までどうなることかと案じていたら、疲れたのだろう、歩き出すとすぐに座り込もうとする。そこで、まみちゃんを先頭にして、行きと同じように神谷先生と私が両サイドに付き、他の生徒は後ろに並んで歩くことにした。そうすると、上機嫌で途中座り込む様子もなく、立川駅のバス停に到着した。バスに乗り込むとまみちゃんは「がっこう、がっこう、がっこう」「べんきょう」「がっこう」「いく」と言い出し、一番元気な様子である。この一か月半でかなり変化してきているが、これからどのようになっていくのか私自身まだつかめない。

五月十七日月曜日（日誌より）

五時間目の美術の時間に紙粘土をしないというので、代わりにまみちゃんに習字を書かせることにした。「はなびとひらがなで書いてね」と話すと、墨で手も顔も真っ黒にしながら「はなび」と視写で書いてくれた。その字が素晴らしくて、素晴らしくて、感動が起きた。

その後、少し時間が余ったので「ほうきで掃除してね」とほうきを渡すと、それはもう几帳面にきれいにゴミを集めて掃除をしてくれた。しかし、下校時間になってもそのほうきが気に入ったのか離そうとせず、とうとうタクシーの中まで持ち込んでしまい、置いて帰らせるのにひと苦労をした。

まみちゃんは、少しずつだが「数字」「言葉」「歩行」「着脱」「作業」などの能力を発揮し始めている。まみちゃん自身が持っていた「できる力」が、少しずつ自信をつけることにより、発揮され始めたのだ。とにかく、ひとつひとつ「まみちゃんできる」「できるよ」「すごいね」「すごいよ」と言葉をかけながらほめていくと、まみちゃんも自分で自分をほめ始めるので、これだと直感した。この指導方法だったのだ。そして、「どんな小さなことひとつでもできることは素晴らしく、誰でもできるという自信を持つことが大切だ」と、頭でしか理解していなかったことを、今、まみちゃんを通して私自身が身をもって教えられていることに気づいて愕然とした。「これはこうだ」という押しつけの指導より「できること、興味のあること」から始める指導の方がはるかに時間はかかるが、最初のひとつが理解できるようになるとすべてのことを理解し始めるということがわかってきた。「これをやってみよう」「できた」「次をやってみよう」「うん」。まみちゃんは次から次へと私の出す課題を待っている。まだまだ視写の段階だが小学校の時書けなかった「8」を今では一番自信があるかのように堂々と書くことができる。たったひとつの「8」であっても、今までできなかったことができる喜びを、まみちゃんは体全体で表してくれる。そして、その喜びが私にもしっかりと伝わってくる。

通常学級が中間テストの間、我がクラスは調理実習をすることにした。買い物学習から始め、みんなでカレーライスを作るのだ。料理を作るという行為には、たくさんの良いことが含まれているといつも感心する。まみちゃんは、みんなといっしょに買い物に行きたがらないので、介助の人と遅れてやってきた。エプロンをつけたあと、三角巾を自分で頭につけ、一人で上手に結んだ。器用なものだ。まみちゃんに「人参はどれ?」と言うと間違えることなく人参を取ってくれた。言葉と物が一致している。

実習に入るとまみちゃんは野菜洗いが気に入ったらしく、一時間も野菜を洗って遊んでいた。無理矢理行動をやめさせようとするとやめるのだが、自分の意思ではないので、時間がかかっても自分の意思でやめることができるようしばらく様子を見ることにした。カレーができ上がり配膳すると、カレーは大好きなようでおいしいおいしいと喜んで食べていた。みんな、自分たちの力で作ったカレーライスに自信を持っておかわりをし、クラスの心がひとつになっているようで、食べることの楽しさは心にも栄養を与えるのだなあとしみじみ感じた。少しずつまみちゃんの気持ちがつかめてきたような気がしてきた。

六月

六月三日木曜日（日誌より）

三年生の修学旅行に付き添っていて私は「Ｉ組」にいなかった。ひさしぶりにまみちゃんに会うと、すごくうれしそうに近づいてきて喜んでくれた。

給食時間、突然物を投げ、足で踏みつけた。「食べ物がかわいそう、農家の人はいっしょうけんめい作っているから、このご飯もかわいそうよ」と話して聞かせると両手を合わせて、ごめんなさいをして、しばらく自分の投げた物に謝っていた。私が話していることの意味を理解している。まみちゃんはわかっている。まみちゃんがはっきり話すことができなくても、こちら側は心を込めて話していかなければいけないと痛感する。

給食時間になると、給食を投げ、自分で拾いに行き、「かわいそう」と謝る行動を繰り返すようになった。ただ、物を投げるだけではなく、投げた物に対して謝り始めたということに、まみちゃんの気持ちの変化を感じる。

国語の時間に「あいうえお、かきくけこ」の指導を始めるとスラスラと読んで覚えた。下校する時は今まででで一番帰りたくないという状態で、なかなか動かずとても時間がかった。しかし、この日学校の下校時間は三時三十分なのに、まみちゃんの都合で一人だけ早く帰らなければならないということを知っていて、帰りたくないという反抗だったことが、後日、お母さんから聞いて初めてわかった。まみちゃんの心には表現したくても言葉で伝えられない気持ちがいっぱいあるのだろう。わかってあげられないことがほんとうにつらい。

あいかわらず、物を投げるが、自分で投げた物は自分で拾い集めるようになってきた。体育では四〇〇メートルを二周ランニングしようとしている。最初は軽く走り、あとは自分のペースで歩くというやり方だ。みんなと同じようにやろうと、まみちゃんなりにいっしょうけんめい努力しているのだ。「あいうえお、かきくけこ、おおたまみこ」とひらがなが理解でき、しっかり記憶するようになってきている。「お」という字を自分で書いて、声を出して「お」と読んだりもしている。確実に一字一字発音し、その字を理解し、読むことができるようになってきているのだ。今まで、理解はしていたのだけれども、言葉ではっきり発音することができなかったのだということがわかってきた。

中学に入学してから少し疲れが出てくる頃なので、あくびが多く気になるが、仕方がない。そういう時期なのだ。給食の時、また、コップやトレイを投げ、机も倒したので、指導方法を変えて少し注意してみた。すると、どうやら自分の行為を理解しているようで、何か考え込んでいる様子だった。

六月九日水曜日（日誌より）

朝、市役所でツベルクリンを受けて登校。しばらく注射の跡を気にしていたが意外に早く忘れて国語の授業に集中する。「あいうえお、かきくけこ、おおたまみこ」など、すっかりひらがなを理解し始めて記憶していることを確認する。それにまみちゃんは一字読めて書けることにこんなに素直に、なんとも言えない笑顔で喜び、もっともっと勉強しようと訴えてくる。

生徒が、今までできなかったことがひとつひとつできるようになると、教師は天にも昇ったようなうれしい気持ちになることを、まみちゃんは私に教えてくれた。この感動をみんなに伝えたくて思わず校長先生と教頭先生に知らせる。

ここ数日、朝から暑い日が続いている。真夏と違って湿気が多いので、教室中がムッとする感じだ。まみちゃんは気持ちが不安定なようで、気分よく登校しても、着替えがすんだあと、黒板消しやカバンを投げる。給食時間にも、ナプキン、袋を投げる。物を投げるにはまみちゃんなりの言えない言葉が隠されているのだろうと思うが、なかなかわかってあげることができない。

まみちゃんのお母さんから連絡があって、初めて気がついた。体温調節機能が弱いまみちゃんは、この急激な暑さに対応できていなかったのだ。水分をとらせることは、十分に心がけていたのだが、水分補給だけでは、体温が上がった体が落ち着くまで時間がかかるので、冷たいタオルで、額、首、腕を拭いて、体温を下げる必要があったのだ。まみちゃんはそれをうまく言葉で言えず、そういう時は、家でも一日中泣いていることがあるそうだ。わかってあげられなかったことに心が痛んだ。ほんとうにかわいそうなことをしてしまった。とにかく体温調節は、まみちゃんにとって切実なことなので、これからは、気をつけなければと深く思った。

六月十八日金曜日（日誌より）

学校生活に慣れてきたことと、いろんな能力が働き出したために、まみちゃんの体はものすごく疲れているようだ。家に帰ってから昼寝を三、四時間するらしい。たしかに目の輝きや、集中力、意欲にすごいものがあり、行動にも、学習にも、いつもと違う変化が表れてきている。

給食後のあとかたづけ、歯みがきも積極的とまではいかないが、自分から行動を起こすようになってきている。「あいうえお」もしっかり覚えて読むことができるようになり、自分で自分をほめていて、自信がついてきている証拠のようだ。家庭科の刺し子も上手に縫い、失敗するとそれを直そうとしていると、家庭科の先生が話されていた。体育のバスケットボールの授業で、ゴールが高いので、つり網を一定の高さに保ってまみちゃん専用のゴールを作った。ボールをシュートする練習をすると、このシュートがすごく気に入ったらしく、しばらく練習を続けていた。一日一日、まみちゃん自身が納得しながら、行動の範囲を広くしているのが感じとれる。

数字の1から5まで読めるようになり、「あいうえお」も何も見ないで書けるようになった。こんな時はいつも「まみちゃんすごいね、すごいよ」とほめるようにしている。まみちゃんは自分がほめられると、必ず自分で自分をほめているようだ。自分でできた時、そして自信がついた時のうれしさは今のまみちゃんの表情がすべてを物語っている。「せんせい、ありがとう」「ありがとう」と言い続ける。こんなにうれしいことは教師生活で感じたり、言われたりしたことはなかったように思う。

六月二十四日木曜日（日誌より）

すごい勢いで私に話し始めた。今までのことを一気に話し出しているような気がする。とにかくずうっと話している。それもひとつひとつ私に話しかけている。自分の意思を言葉で出し始めたのだ。

まみちゃんが、私に話しかけてきたが、よく聞き取れないので取りあえずテープに吹き込み後でもう一度聞くことにした。三十分くらいしゃべり続けている。自分のことを話しているのだろうか。この言葉を理解してあげられたら、何かすごいことを教えられているような気がするのだが、まだ言葉がはっきりしないため理解してあげられない。とにかくすごい調子でなにかを話してくれている。まみちゃん、ごめんね、少しずつわかるように努力するからね。

バスケットボール大会（多摩地区障害者研究会主催）

多摩地区の心障学級のバスケットボール大会が行われた。まみちゃんは、朝からうれしそうにはりきっている。大勢の人が集まるので圧迫感があり、まみちゃんは大丈夫だろうかと前日から心配していたのだが、そんな私の心配をよそに、まみちゃんは、しっかりと開会式に参加し、ラジオ体操を全部やり終えることができた。ゲームにはまだ参加できないが、周囲の様子はよく見ていたらしい。

後日、バスケットボール大会で負けてくやしかったことをクラスの友達が話していたら「みんな、がんばったね」という様子でいっしょうけんめい慰めてくれ、教室の雰囲気が一気にパアッと明るくなった。いつの間にか、まみちゃんは「I組」の中心的存在になっており、まみちゃんが休むと、みんなが、まみちゃんがいなくて寂しい、寂しいと言うようになってきている。まみちゃんが何かできるようになる度に、クラス中でいっしょに喜ぶ姿は、なんとも言葉で言い表せない感動があり、つくづく仲間っていいものだなあと感じずにはいられない。まみちゃんのおかげで、やさしさや思いやりをみんなが教わっているようだ。

七月

一学期・期末テスト

あっという間に期末テストの時期が来てしまい、「I組」も全学年と同じように期末テストを行った。個々の能力によってテスト方法は異なるのだが、まみちゃんもテストということをしっかり理解しているようで、それはそれは真剣な顔で取り組んでいた。学習に対する集中力と意欲は計り知れないものがあり、教師の指導方法がつくづく大切だと思わされる。「あいうえお」「おたまみこ」と何も見ないで書くことができ、クラスのみんなが、一人ずつまみちゃんと握手して「がんばったね」「がんばったね」とまるで自分のことのようにうれしそうにほめていた。心の指導は、私たち大人が子どもに教えられる。

四月からまったく時間を感じさせないほど月日が早く過ぎていき、いつのまにか新しいクラスもまとまってきた。こんなに楽しく毎日を過ごせるようになるとは夢のようだ。あの不安な気持ちはどこに行ってしまったのだろう。毎日が充実して素晴らしい。もうすぐ夏休みだが、時間を無駄にしないよう心して過ごしたい。

七月五日月曜日（日誌より）

友達のみかちゃんが、三時間目に「名前は？」と聞くと「ま・み・こ」と初めて言った。もう一度、「名前は？」と聞くと「お・お・た・ま・み・こ」とゆっくりゆっくり全部言えた。「すごい」「すごい」とみんなで喜び合う。友達も喜んでくれてまたひとつ成長した。

七月六日火曜日（日誌より）

機嫌が良く調子がいいなと思っていると教室の机、椅子を倒し、ふで箱を笑いながら投げる。まだまだ自分の意思を言葉で伝えられないので物を投げるのだろうか。言いたいことがあるのだろうとは思うが。帰りは着替えをいやがる。

「まみこ」「まみこ」とはっきりした発音で自分の名前を言えるようになった。今まで、三文字以上の発音は、語尾のほうしか聞き取れないことが多かったのだが、「まみこ」とはっきり自分の名前を発音できるということは、自分という存在を示す第一歩だ。とにかく、今、すごいスピードで理解し覚えようとするエネルギーには、圧倒されるものがある。きっと、まみちゃん自身もずいぶん消耗して疲れているに違いない。いろんなことを経験しながら成長し、自信をつけていく途中なので、常に深い愛情と心で見守っていかなければいけないと感じる。

先日、まみちゃんのお母さんが、「養護学校」の見学に行かれた。私も、「I組」の卒業生たちが養護学校でどのように過ごしているのか気になるので、お母さんにうかがったところ、学校はとても素晴らしく、卒業生もみんな元気で楽しく過ごしているということを聞き、安心した。

本格的に夏らしい気候になってきたので、水泳の授業が始められることになった。まみちゃんは、肌がとても弱く、アッという間にやけど状態になってしまう。しっかりと、UVカットのクリームを首や肩に塗っておかなければならない。「次はプールです」と言うと、まみちゃんが今までに見たこともない素早さで一人で水着に着替えた。この敏捷さはいったいどこから出てきたのだろう。不思議としか言いようがない。中学校のプールは小学校のプールと違って深いので、こわいのだろう、入水することをいやがった。様子を見ながら無理をしないことにした。二回目からは、ゆっくりゆっくり抱いて入ると大喜びをして、いつのまにかプールの底に足をつけて立っていた。まみちゃんは、まみちゃんの速度で、少しずつ成長しているのだ。

七月九日金曜日(日誌より)

「いちご、れもん、つくえ」と昨日教えた字を確実に読むことができる。こんなに速いスピードで理解し記憶するとは思ってもみなかった。教室に拍手が起きる。

「記憶の積み重ね」ができている。「記憶の積み重ね」ができるということは、「学習の積み重ね」ができるということだ。これはほんとうにすごい。私はまみちゃんがもっともっと伸びる力を秘めていると確信している。あわてずゆっくりゆっくりまみちゃんと学習していけば「確実にまみちゃんの中の秘められた力が次から次へと発揮される」ということを入学してから三か月目に、ようやく実感することができた。

給食後、「物を投げるからトレイをのけてくれ」というような動作をして、行動にも変化がみられるようになってきた。音に関わる物にとても興味をひかれるようで、英語の授業で習った歌を繰り返し繰り返しうたい、音楽の合奏も五本の指を使って、器用にキーボードを弾いたりしている。音楽の先生にほめられると「ばんざい」とすごくうれしそうだ。まみちゃんは、いろんなことに自信がついてきたのだろう。通常学級の一年B組の生徒たちが交流に来た時、一番初めに自己紹介をしたいと手を挙げ「おおたまみこ」といってみんなを驚かせていた。

七月十五日木曜日（日誌より）

「わたしは、いちごがすきです」と文を書き、何度か読む指示をすると、「わ・た・し・は・い・

ち・ご・が・す・き・で・す」と一字一字指で追いながら読み始めた。字と読み方をはっきり記憶している。名前も読めなかったまみちゃんが、まさか今学期中に文を読み始めるとは予想もしていなかった。生徒に「この子はこれはできない、これまで」などと枠をはめて決めつけてはいけないことを、何十年も教師をやっていて今更ながら痛感した。子どもの見方、指導方法、そして感動する心、教師が身につけているはずのものをすべて、今、まみちゃんを通して教えてもらっている。

入学して二か月目ぐらいから、私はまみちゃん自身がなかなか自分から行動を起こすことができないでいるだけで、実はなんでも一人でできるに違いないと思った。しかし、ここであせってやらせようと思わず、まみちゃんの気持ちを考えながらゆっくり行動していけばよいという心構えでいたら、少しずつ、少しずつまみちゃん自身が自分に合わせて自分から行動するようになっていった。できないと思っていたことができ、自分の意思でやろうとしてやり始めるということ、これがほんとうの教育かもしれない。「やらせよう、やらせよう」と一方的な時間配分と考えであせって指導することは絶対やめなければ、本人のやる気を失わせてしまうとつくづく感じた。

夏休みを目前にして、「きりつ」「れい」の号令も自分からかけられるようになり、トイレも声をかけると「はい」と言って自分から行き、もちろん私が付き添ってはいるが、きちんと手を洗って教室へ戻ってくるようになった。こうして最後まで自分で行動したことでどんどん自信がついてきたようだ。ひとつできて、ほめ、ひとつできて、喜び、感動し、クラスの仲間も私も言葉では言い尽くせない感動と喜びをまみちゃんに与えてもらっている。

福祉作業所「みのり」の園長先生も学校に来られた時、国語の授業を受けているまみちゃんの姿を見て感動されていた。この一学期は、まみちゃんの成長をあちこちで認めていただいているようでほんとうにうれしい限りだ。これまでの、まみちゃんのご両親の精神的なご苦労は大変なものだったとお察しするのだが、まみちゃんは、お父さん、お母さんの愛情にしっかり応えて成長している。これからまみちゃんは、もっと、もっと自己主張をし、その自己主張こそがまぎれもなく成長の喜びであり、まだまだ、たくさんの喜びをご両親や私たちに与えてくれるに違いない。まみちゃんの秘められた能力は、これからどんどん開花していくのではないかと感じている。私自身、まみちゃんと出会えたことで、様々な勉強をすることができた。

一学期・終業式

四月七日の入学式を振り返ると今日のまみちゃんの成長は思いもよらないことだった。数やひらがなを覚えたり、いろいろな行動などひとつひとつを自分の意思でやろうと真剣に取り組むこの姿は、想像もできなかった。

一九九九年　夏

まみちゃん「ありがとう」。ほんとうに一学期よくがんばったね。

一学期中に、言葉と文字を結びつけて理解し、わからないところは「せんせい？」と何回も質問し、性格が素直でまじめなので、理解が始まると記憶につながっていきました。

まみちゃんは、毎日、タクシーや、お父さんやボランティアの方の車で登下校しています。けれども、体力がついて、友達といっしょに歩いて会話を楽しみながら登下校する。そういう日が来ることを私は楽しみにしています。

「あなたの名前は？」と聞くと、わからなかったまみちゃんが「おおたまみこ」と答えられるようになりました。最初は、すべての教師の名前を小学校時代の先生の名前で呼んでいましたが、一人一人の教師を「かみやせんせい」「やまおかせんせい」私を「いかいせんせい」と少し違ってはいるものの区別して呼ぶようになりました。「まみちゃん」と友達が呼ぶと「なーに？」と返事をして、しっかりとその友達を見て、その友達の次の言葉を待っています。しかも、クラスの友達の名前を「ゆきちゃん」「みかちゃん」とはっきり呼ぶようになったのは、入学してからたった一、二か月のことでした。「あいうえお」をゆっくりゆっくりひとつひとつ確実に記憶していくまみちゃん。それとともに生活態度もどんどん変化していきました。

音楽、楽器、ダンスは目の色が変わるほど好きで全身で楽しんでいます。ほんとうに上手です。曲に合わせてダンスをしている時は言葉がはっきり話せないということが嘘のように見えます。クラスでは時々時間をみつけてみんなで曲をかけてダンスをします。心から喜び合うことができるとまみちゃんのようにひとつひとつ確実に自分の心から学習する意欲が出てくるのではないでしょうか。朝から憂鬱で仕方がない顔をして登校してくる生徒がいますが、まみちゃんを見ていると、子どもが学習し身につけていくには、自分の中から湧き出る力が必要だ、とつくづく感じてしまいます。

「大変」の意味は「大変だからこそ大きく変わる、しかも良く変わる」とある方に教えられましたが、ほんとうにそのとおりだと思いました。五十歳を目の前にしてやっとこの仕事の入り口に立った気がします。

まだ一学期を終えたばかりですが、卒業までにまみちゃんにどれだけの力がつき、自立へ向かって伸びていくことだろうと思うと楽しみです。これから二学期になり、クラスの友達とともにまみちゃんの学校生活がまた始まります。私も心新たに、広い心と広い視野を持って日々の生活に活かしていきたいと思っています。

七月三日、視写

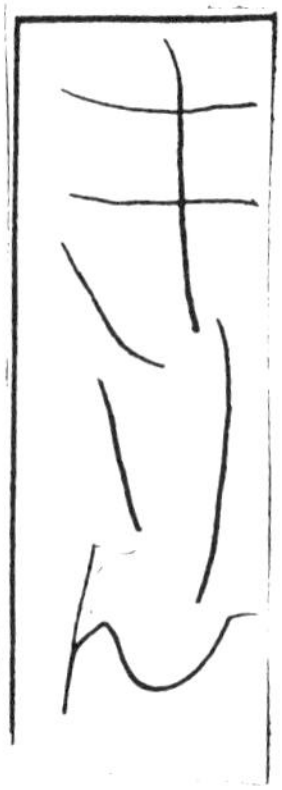

七月六日、視写

七月十五日、視写

一九九九年　一年生　二学期・記録

九月

二学期・始業式

　まみちゃんがどんな顔でくるのか楽しみで楽しみでしかたがない。登校時間になり、まみちゃんが廊下を歩いてきた。四月の様子とはもちろん違って背も高くなり、一歩一歩、堂々と歩いてくる。長い夏休みを終え、一学期の成長に何かがプラスされていると瞬時に感じることができた。下を向いて歩いていた四月、五月とはまるで別人のように見える。

　始業式が体育館で始まるというので「体育館に行こう」と声をかけると自分からすーっと立って歩き出し、堂々と式に参加した。教室に戻って疲れたのか少し物を投げ、こちらの様子を見ている。「まみちゃん、この字覚えているかなあ」と書いてみると「あ、い、う、え、お」としっかり読んだ。一学期の積み重ねができている。記憶力と字を見る集中力にはやる気を感じ、確かな自信がまみちゃんについてきている。この能力を教師が引き出してやらねばと思う。

九月といっても、あいかわらず残暑が厳しい。とにかく暑いので、冷たい飲み物を作り、常時みんなで飲めるように用意して過ごしている。一学期の失敗を忘れないよう、体温調節のためまみちゃんの首や腕をタオルで冷やすと「きもちいい、ありがとう」とお礼を言ってくれる。まみちゃんも、暑さに負けずがんばっている。

国語の授業中、「わたしは、あいすがすきです」と初めて「あいす」という言葉を書いてみたが、確実に読むことができた。まみちゃんは、国語の時間になると目が輝き、集中し始める。これは自信をつけている証拠だ。「わたしは、こくごがすきです」と「こくご」という言葉も初めて読んだ。読んでいてわからない字があると「せんせい？」とたずねる。そんなまみちゃんのことを、クラスのみかちゃんも、ゆきちゃんもいっしょになって応援してくれる。一字読めて抱き合い、また一字読めて抱き合い、それから手をこぶしにして挙げて「がんばるぞー」と言う。クラス中に、まみちゃんのエネルギーが満ち溢れてくるようだ。

二学期が始まったばかりなので、まだ少し疲れて体のコントロールがとれないのか、物を投げて何かを訴える時がある。物を投げるのはよくないと話をすると、わかってはいるのだろう、すぐに自分で拾いに行く。もうしばらくは、物を投げる日が続くかもしれないが、まみちゃんの気持ちを早く理解できるように、どんなこともできる限り見逃さないように、目を配っていきたいと思っている。

美術の時間、自分から教室移動をしようとしないので「自分で動いて美術の授業に行こうね」というと「いいよ」と返事をした。まみちゃん流には「わかったよ」という意味の返事だ。物事をひとつひとつ話して約束すると、一学期よりも一人で行動できるようになってきた。進歩だ、すごい進歩だ。とうれしく思っていたら、次の日はなぜかまったく自分から移動しようとしない。できる時とできない時の差は何が原因なのだろう。いったいまみちゃんの中に何があるのだろうか。どうやらこの点が今後の課題のようだ。

そこで、介助の方と話し合い、登校したら玄関からなるべく一人で教室に来られるように少しずつやってみようということにした。すると次の日、まるでその会話を聞いていたかのように、カバンを持って一人で歩いて教室へ向かってきた。これには、私も驚いて、朝学活でほめ、クラスのみんなで喜び合った。そうすると一日中、一学期になかなかやらなかった食台拭き、スプーン配りなどの当番も進んで行動し始めるではないか。まみちゃんはできないわけではないのだが、今まで自信がなくて自分からやろうという行動が起きなかったのだろう。

自信がつくと、次から次へと秘めた能力を発揮してくる。それには、目を見張るものがある。私自身が、まみちゃんのやれる力を理解できていなかっただけなのだ。教師の見方は、時にはこんなにも誤った見方をしてしまうのだなあと反省する。

まるで別人のように見えるほどまみちゃんはスムーズに行動するようになり、水泳の授業も自分から入ってきて水の中を歩きだした。「手をはなしていい」という仕草をするので、様子を見ながら楽しませることにした。一学期にくらべると行動、意思表示、友人との会話などすべてが成長し自分をだせるようになってきている。入学時は、一人でどこまで動けるのか、言葉をどこまで理解しているのか、まったく想像もつかなかったが、友人の行動を見ながら、ひとつひとつの動作を学習し、手を貸さなくても行動できるようになってきたのだろう。

九月十日金曜日（日誌より）

疲れが出てきているのかまみちゃんの目が腫れている。様子を見ながらゆっくりやっていく。しかしまみちゃん自身はやる気満々だ。ハードルの練習に入ると、はちまきをして走る準備をし、一回跳んだ。ゴムで作ったハードルだが、またいで跳ぶという動作は誰でも不安があるのに、がんばって跳ぶ練習をする。

給食時間、校内放送で職員が緊急に職員室に集められ、私と神谷先生は給食をやめて職員室へ走っていった。打ち合わせが終わり教室へ戻ってくるとまみちゃんの様子がおかしい。少し涙ぐんでいる。「どうしたの?」と給食を食べながら聞いてみると「せんせい、ごめんね」「せんせい、ごめんね」と言うので一瞬理解できなかった。どうやらまみちゃんは、私たちが職員室へ集められる前にコップを投げたことを気にしていて、そのために教師が怒って教室を出ていったと勘違いしたらしい。人をよく見ていて、このような場面でも感情を表していることに、胸が痛いようなうれしいようななんともいえない複雑な気持ちがした。

体育大会

台風の影響で、すっきりしない天気だ。体育大会はどうなることかと案じていたら、雨も上がり、嘘のようなお天気になった。秋晴れの中、だいぶ遅れての開会式となったが、無事開催。開会式の行進は、まみちゃんは「I組」との兄弟学級に混じってしっかり行進し、ラジオ体操も全部一人で参加した。堂々としたものだ。一種目の八〇メートルハードルの出番になりどうするか心配していたが、通常学級といっしょに一レースの六コースに入りスタートを切って、全台(まみちゃん用の八台のゴムのハードル)を一人でつまずくこともなくポンポン跳んで走っていく。びっくりするほどリズムもよく、とにかく今日が最高のハードルだった。一〇〇メートル走も同じくスタートからゴールまで一人の力でセパレートコースを走り通し、お父さんがゴールで「まみ、おめでとう」と言って喜んでおられた。走り終わったまみちゃんの表情が、満足そうで、すごくいい顔をしている。お父さんお母さんは、まみちゃんが走っていることそのものに感動されていた。その気持ちを胸が熱くなる思いで感じた。

ご両親が見学に来て応援してくれているが、まみちゃんは親に甘えることもなくクラスの中で応援を続けていた。それも四月当初のまみちゃんではなく、成長し、自信をつけたまみちゃんの姿だ。こんな時、私は喜びで胸がいっぱいになる。まみちゃんの体力を考えて、二時頃には早退して家に連れて帰るという約束をお母さんとしていたのだが、まみちゃんは帰らないと抵抗し、結局四種目全部、八〇メートルハードル、一〇〇メートル走、一〇〇メートルリレー（スタート）、玉入れに参加し、三時過ぎに、やっと、一足先に下校することとなった。全種目に参加し、りっぱに行動できたことに拍手を送りたい気持ちだ。スポーツも段階を追ってやっていくと、どんどんできるようになってきて、まみちゃんの楽しみも増えていくのではないだろうか。

体育大会も終わり三連休明けの日。まみちゃんは、すっかり疲れもとれたようで元気に登校してきた。体育でもマラソン八〇〇メートルをゆっくり走ったり歩いたりした。その後、体育大会の賞状を校長先生より手渡してもらい「太田麻実子さん」と呼ばれると、「はい」と言ってすっと立ち上がり、校長先生の前に行き、両手で賞状をもらってきた。ほんとうにうれしそうだ。私は、立ち上がって行けるのかどうかが気になっていたのだが、もうなんの心配もいらないようだ。

二学期に入って、まだ一か月足らずだが、まみちゃんの成長は見違えるほど早い。介助十二年目のベテランの山岡さんも「長い間、いろんな生徒を見てきましたが、まみちゃんほど一日一日確実に成長し、積み重なっていく生徒を見るのはほんとうに初めてですよ」と言ってくださった。担任としては、心の中でうれしく思った。まみちゃんは自分の意思をはっきりと、どの先生にも表すことができるようになってきた。講師の先生にも「水が飲みたいから、待っててね」という意思を伝えようとしたり、授業の始まる前から鉛筆を準備したりして、やる気満々だ。思えば、毎日、何かしらひとつ初めての言葉や行動があるのも不思議なことだ。

しかし、やはり波もあり、物を突然投げることも何回かある。笑いながら投げる場合もあれば、疲れていて投げる場合もあり、いろいろだ。何を言いたいのかまだまだ理解できないことも多いので、細かい様子も見逃さないようにしている。最近、まみちゃんが物を投げて少し興奮していると思う時、介助さんの作った布製マイクを持ってくると、とたんに一瞬前のまみちゃんではなくなり、次から次へと、しっかりしたリズムで歌をうたい始める。音楽、楽器、歌、ダンス、これらには興味もあるが、なかなかリズム感も良く、大好きだ。休み時間には、友達とものまね合戦で盛り上がり、なんと楽しいクラスなのかとつくづく生徒に感謝しないではいられない。やっぱり、人はみんなに支えられているのだと実感する。親御さんたちや子どもたちに支えられてこの仕事もやっていけるのだと思うばかりだ。

ひさしぶりに、まみちゃんが私にたくさん話をしてくれた。どうやら学校のことや友達のことなどいろんなことを話してくれているようだが、話し始めて三十分くらいたつと「せんせい、おわり」と言って、さっと立って技術の授業に行ってしまった。いっぱい話をしたり、聞いたりしているうちに、少しずつ言葉の発音もはっきりしてきて、何を話しているのかわかるようになってくるだろう。あせることなく、子どもに合わせて指導していけば、そのうち、文章も書けるようになっていくに違いないと感じる。

十月

十月二日土曜日（日誌より）

マラソン四〇〇メートルは走るが八〇〇メートルまでは行かない。体育でバットを持って打つ練習。神谷先生が一時間中まみちゃんにボールを投げる。バットがボールに当たっている。国語の時間、五十音のひらがなを練習。「まみむめも」の「ま、み」は自分の名前で理解している。「む」はまだ覚えていると思っていなかったが、順に「これは?」と質問すると「む」と言って答える。小学校の時にすべての字が頭に入っていて、それが少しずつ言葉となって出てきたのだろう。

下校時刻を過ぎてもタクシーが来ないので、私がまみちゃんを自宅に送っていくことにした。お母さんに「給食時間、ヨーグルトのふたが開けられなくて困っている友達に、まみちゃんが器用にヨーグルトのふたを開けてあげるのですよ」と話すと、「家ではヨーグルトのふたを開けたことはありませんが」と驚いておられた。一回であんなに上手に器用に開けられるのに、家で開けないとは信じられない。ヨーグルトのふたを開けてもらった友達は、お礼にヨーグルトをひと匙、まみちゃんの口の中に入れてあげている。

今の生活は、毎日、学校で先生をしているというよりも、私自身の物や人の見方、考え方、すべてを生徒に教えられている気がする。生徒の行動は、どんな行動をとっても、腹を立てたりすることではなく、教師の学習そのものであることを実感させられている。

十月四日月曜日（日誌より）

今日から冬服。まみちゃんは上着のポケットに生徒手帳を入れてうれしそうに登校。更衣室に行かないと言ってそのまま教室に行く。体育着に着替える様子がない。いくらうながしてもだめなので、仕方なく制服のまま過ごす。おそらく冬服をひさしぶりに着て中学生気分を味わっているのだろう。生徒手帳が気に入っていて手に取っては何度も見ている。気分は絶好調で教室移動もグランドへの移動も自分から積極的に行動している。しかし、昼休みが終わり、美術教室への移動の時、動かなくなった。しばらく様子を見ていると、歌をずーっとうたって自分なりには気分上々というふうである。下校時はいつも帰りたくないと動かない。案の定いやだと騒いで玄関まで行くのがかなり大変だった。

冬服が気に入っているらしく、前日と同じように着替えをしないまま教室に入ろうとしたので、「今日は着替えてね」というと、プンと横を向き、「いやだ、いやだ」と言い続ける。しかし、このまま過ごしては、明日からの生活がわがままになるので着替えさせることにした。自分の思うようにいかなかったので少し落ち着かないまま一時間目の数学の授業に入った。すると、しばらくして突然ゴミ箱のところへ行き、物を投げてパニック状態に陥り始めた。どうやら自分の感情をパニックにもっていくつもりらしい。不思議なことに、このパニックを繰り返しながら、少しずつ成長していくように思える。ゴミ箱を投げた時、少し強く「いけない」と話をすると、急に床にうつぶせになって泣き出した。その泣いている姿は、自分で自分に対して涙を流しているようにも見え、こんな姿は初めてでいろんな感情が成長してきたことが確認できたような気がした。これはすごいと思ってしばらく涙を流しているままにしていたのだが、その後、なんと「せんせい、ポン……ごめんなさい」と私に抱きついてきた。「わかればいいのよ。物は投げないでね」

と言うと、また、しばらく涙を流していた。このあと、体育の授業で、八〇〇メートルをゆっくり歩いたり走ったりしていたが、何かを考えているようにも見えた。

それから、二～三日落ち着かない日が続いたが、突然、まみちゃんは、別人のように積極的に自分の意思で行動し始めた。トイレ、オルガン運び、係の配膳台拭き、とにかくうながさないでもまわりを見て行動していく。少しまわりから遅れてはいるが、これらの行動を指示なしに行うようになった。

マラソン大会のための検診でも、最初に「太田さん」と呼ばれると、さっさと椅子に座り校医さんの指示に従って、きちんと検診を受けていた。まったく手を貸す必要もなく、校医さんに「はい終わり。異常ありません。マラソンがんばってね」と言われると、「ありがとう」と言って席を立った。四月当初からすると、すごく成長したと、校医さんも驚いておられた。これで晴れてまみちゃんもマラソン大会出場ＯＫ。初めての大会に向けて、練習開始だ。言葉ではなかなか意思を伝達することができない面もあるが、ここへ来てかなり感情面が成長してきたようだ。

十月八日金曜日（日誌より）

国語の授業で、ハガキ大の画用紙に書いた「まみさんマラソンたいかいがんばってね」の文を一字一字努力しながら「が、ん、て」と記憶し、発音し始めた。もしかしたら、過去の記憶が、発揮されるかもしれないと思い、五十音の「あ」から「ん」までを読んでもらうことにした。「あいうえお、かきくけこ、さしすせそ、たちつてと、に、の……」と全部とまでは行かないが半分は読めた。

数にはなかなか興味を持たなかったが、体育でボールを二個渡したら、一、二、と数え始めた。「せんせい、いち、に」と言うので「うんそうよ、そうそう」と答えて、物と数との対応に結びつけていった。どんな時間であろうとまみちゃんが興味を示したその時に言葉や数を引き出すと、自分からどんどん数も字も覚え始めていく。決められた時間にやらせようとすると無理がある。教師側の時間の都合ではなく、子どもの精神状態に合わせて授業をすることができるといいのだが、なかなか難しいことだ。まみちゃんは運動場に座っている時でも、砂の上に自分の名前を書いてみたり、数を数えてみたりと突然やり出す。いつどんな時に能力を発揮するかわからないので長い目で見ながら、一時のことも見逃さないように心がけている。

給食時間、まだ全部食べ終わらないうちに、まみちゃんが私に話しかけてきた。言葉ははっきり聞き取れないが、とにかく自分の思いを話したい様子なので、聞くことにした。ところどころで私に「わかった?」「ねえ、せんせい」と言って、身振り手振りを入れて延々二十分ぐらい話し続けた。もっともっと発音がはっきりしてくると、どんなことを話しているのかわかるようになってくるのだろう。今まで言葉で人に伝えられなかったいろんな自分の思いを話しているような気がする。

マラソン大会（多摩地区障害者研究会主催）

私は役員なので、みんなより早めに現場の立川昭和記念公園に行った。まみちゃんと開会式で会うと、とても喜んでくれた。私の顔を見ると少し安心した様子だったが、まみちゃんは神谷先生の側からずっと離れないそうだ。初めてのマラソン大会なので緊張しているのだろう。まみちゃんは、八〇〇メートルに出場する予定だ。マラソン大会のことも理解しているようで、昨日の最後の練習では、準備体操も、教師の手を借りるどころか、自分でさっさとやり始めた。今までは三〇〇メートルぐらいで一度止まり、また走り出すという具合だったのが、昨日は止まることなく一気に六〇〇メートル走った。入学してから、いや生まれて初めての走行距離かもしれない。

さて、いよいよ本番。「八〇〇メートルスタート」という声が響く。私は、内心心配でたまらなかった。神谷先生の伴走でまみちゃんが、スタートを切り、走っている、ゆっくりだが、走っている。一〇〇、二〇〇、三〇〇、四〇〇、五〇〇メートルと走ったところで、突然、座り込んでしまった。遠くで見ているので声がかけられない。神谷先生がまみちゃんを立たせて、少し手にふれると、なんとまた走り出した。そして、そのまま走り通し、ゴールの旗を通過。十人中九の八〇〇メートルを九分で走った。いや、タイムや順位は関係ないことだ。とにかく初めてのマラソン大会なので、ご両親もものすごく心配されていたのだが、まみちゃんはりっぱに走り通したのだ。心の底から私の中に喜びが湧き始めた。うれしくてうれしくて、生徒ができなかったことが、ほんの少しできるようになると、なぜこんなにも教師に喜びが湧き上がってくるのだろう。ありがたい気持ちにしばらくひたっていた。

昼食の時、クラスのみんなのところへ行き、「すごい？」「すごい？」と言って、みんなにほめてもらい、笑顔がこぼれそうなまみちゃん。「わたしもうれしいよ、すごいでしょう」と言っているようだった。お母さんとも喜び合い、最高の一日だった。なんと言っても子どもは親にほめてもらうことが一番うれしくて、今日はみんなうれしそうに過ごしていた。ほんとうに、充実していたのだと思う。みんなみんな、どの子どもたちも、いろんな学校の友達と交流し、いろんな経験をして成長していってほしいと願う。毎日毎日、様々に変化し成長をとげているまみちゃん。もうまみちゃんの成長のスピードにはついていけないほどだ。今日のマラソン大会ではとても疲れたと思うので、あとはゆっくり休んでほしいと願うだけだ。

このあと、マラソン大会の緊張と興奮がなんと一週間も尾を引いてしまった。それだけまみちゃん、がんばったのだろう。マラソン大会の賞状を全校生徒の前でもらう時、クラスの三人が、朝礼台の前に整列した。最初に「太田麻実子さん」と呼ばれ、しっかり一歩出て賞状をもらい、そして一歩下がり礼をした。三人の表彰が終わり、最後に三人で礼をしてくれるといいなあと思っていたところ、まみちゃんが突然「れい」と号令をかけ、クラスの二人はびっくりして、礼をして自分たちの列に戻っていった。まみちゃんが号令をかけるなど予想もしていなかったので、私も驚いた。校長先生、教頭先生も驚かれていた。周囲の驚きをよそに、まみちゃんは意気揚々と歩いている。教室に入ったあとは、先週の疲れを引きずっているのか、床にごろごろと寝転がっていたが、まみちゃんの中で、きっとまた何か変化が起きているのだろう。

ひさしぶりに入学当初のように手当たり次第に物を投げてパニック状態に陥った。マラソン大会の疲れもあるのだろう。「こういう時はしからないで、何も言わずに見ていよう」とか、いろいろ考えながら対応することにしている。とにかく早めに着替えさせ、下校の準備をして、外に出て、気分を落ち着かせることにした。ほんとうにひさしぶりに激しい興奮状態だったのだが、お父さんとお母さんが車で迎えに来られると、まみちゃんは、びっくりするやら、大喜びするやらで、すっかりさっきまでのパニック状態を忘れたかのようになってしまった。しかし、車に乗る直前「せんせい、ごめんなさい」と手を合わせ、私にさっきまでの態度を謝り出し、抱きついてきて、もう一度「ごめんなさい」と言って車に乗って帰っていった。感情が育ってきているのだ。これからが楽しみだなあと見送りながら考えた。これからどんなことが起きるのか想像もつかない。

十月十八日月曜日（日誌より）

元気よく登校し、着替えを始める。その時「さむいねえ」とはっきり発音し、話す。この言葉は初めて話した言葉なのでびっくりする。「先生、先に行って待ってるね」というと「はーい」と言って気分がいいらしい。体育のあと「自分でやってね」と言うと、介助の方が準備してくれた水を飲み、くつをかたづける。「トイレに行きたくなったら行ってね」とうながすと、一人で行ってすませる。次の美術の授業にもみんなより遅れてではあるがスムーズに入る。しかし物は投げる。何か言いたいのだろうがまだ理解できない点も大いにある。早くわかってあげたいが時間が必要なのかもしれない。

展示発表会

全校の展示を見学に行く時間になっても、どういうわけかまみちゃんはじっとして動かない。教員二人で左右に付いて校内を見学して歩くことにした。興味がある展示になると、またそこから動かなくなり、展示物を手に取って離さない。あまり調子のいい一日ではない。

「I組」のみんなの作品（顔の画・習字・詩など）について驚くほど見学者の評価が高く、アンケートの感想欄に百六十人もの人たちのおほめの言葉をいただいた。「他のところで発表される機会はないのですか?」と聞かれたりして、うれしくてうれしくて喜びをいっぱい感じることができた。すべてはまわりの人のおかげだ。教師も子どもとの出会いで成長していくことができるのだとつくづく感じる。昔は教師を辞めたいと思うことばかりだったが、「I組」の仕事や子どもたちに出会ったことにより、以前の気持ちが嘘のように感じられる。「I組」の子どもたちの作品を大勢の方に見学してもらい、理解を深めていただき、そしてそこから思いやりの心がみんなに広がっていけばいいいなあと思う。

マラソン大会以来、まみちゃんは朝から疲れている様子の日が多く、こんなにも疲労があとを引くのかと気がかりだ。給食時間、コップを投げたので、それはいけないことだと話すと、自分で拭いたが、それでも、また物を投げる。移動もスムーズにできなくなり、体育のマラソンでも四〇〇メートル走ると、「やめる」と言うのでそのまま教室へ戻ることにした。しばらく、授業は無理をせず、まみちゃんの様子に合わせていくことにしよう。国語では「おおたまみこ」を「おおたまみこ5」と書き、時々、数字の5、4が氏名に入ってくるようになった。数に興味が出てきたのだろうか。

家に帰ってからも、自分の名前を書いて見せているとのこと。これから、もっともっと自信をつけたら、きっと、びっくりするほどの文章も書けるようになってくるのだろう。とにかく国語は大好きだ。

授業参観

授業参観なので保護者の方といっしょに陶芸を行うことにした。クラスみんなで「ぼうやー、よいこだ」と歌をうたいながら粘土をこねて、いい調子だ。休み時間に合奏をやりたいと言い、みんなが楽器を並べ始めた。突然だが、保護者の方々に合奏を聴いてもらうこととなった。三曲いっしょうけんめいに発表会のように弾いて、拍手をしてもらった。お母さんたちが喜んでくださっている笑顔に、私たち三人の職員も「よかった、よかった」と心の底から思い、また、がんばろうという気持ちが湧いてくる。「I組」の授業参観に通常学級の保護者の方もいらっしゃり、学級が開かれていくのが感じられた。一時間目からいろんな人が授業を見学し、出入りが多かったので疲れたのか、帰りの学活の時まみちゃんは涙を流し始めた。

十一月

なぜこんなに早いのかと思うほど日が過ぎていく。まみちゃんは朝からぐずぐずしており、美術の授業がやりたくないと、床に寝ころがってしまった。そこへ、美術講師の岡田先生が見えて、しばらくまみちゃんと話してくださり、そのうちまみちゃんも先生に近づいていき、いっしょに美術室へと入っていった。

神谷先生と話し合い、下校時のまみちゃんの着替えの時間をゆっくりとることにした。介助の方が「着替えてね」と声をかけると「わかっているよ」とすかさず返事をしていた。こうしてしっかりとした会話となって表現されてくると、まみちゃんはこちら側の言葉をすべて理解しているということに改めて気づかされる。私は、いつの間にか、自分自身で勝手な解釈をしていたことに恥ずかしい思いがした。こちら側の言葉はすべて理解しているのに、それに対して言葉で表現できない分、ほんとうにつらいだろう。生徒の気持ちを理解できる、もっと大きな広い心と目を持たなければと反省した。

技術の時間、パソコン室に移動する時は先週よりスムーズに行動し、パソコンに夢中になっていた。転校した友達への手紙をパソコンで書くことにしたのだが、「あ」「い」など、ひらがなを探すのになかなか時間がかかる。いっしょに探しながら指で一字一字押して書き上げた。他の生徒は文字が多いため、まみちゃんが一番早く終わったので「教室へ戻ろう」と言うとすんなり立ち上がり、一人でさっさと教室に向かって歩いていった。二階から一階に降りる階段で、一人で降りるから私に後ろからついてきてという仕草をするので、まみちゃんが階段を降りる後ろからついていくと、手すりをしっかりと持ち、介助なしで一人でゆっくりゆっくり降りていった。初めてのことだった。

十一月四日木曜日（日誌より）

まみちゃん日直当番。学活の時「れい」と号令をかける。今までなかなか号令をかけられないでいたのだが、成長したものだ。一時間目家庭科。教室移動をするが、みんなといっしょに移動できず三分ぐらい話をする。まみちゃんの行動に合わせてゆっくり話していると「いこう」と自分から言って立ち上がり教室移動をした。二本の編み針を使うメリヤス編みを三十分ぐらい指導したあと、まみちゃんは器用にメリヤス編みを一、二、三、四とやり始めた。まみちゃんは編める証拠を撮ってほしいらしく「ビデオ」と言うので、まみちゃんが編んでいるところをビデオに収める。休み時間にポータートーンを見ていたので側にいくと、「ド、レ、ミ、ファ」と指で押している。今「ドレミ」を覚え始めたに違いないと思い、そのまま見ていたら「ドレミファソラシド」と弾き始めた。今まではドだけを理解していたのだが、今この瞬間全部の音階を理解し始めたようだ。そのまま合奏の練習に入ることにした。

朝の着替えをしながら「せんせい、きて」と呼ぶので行ってみるとラジオ体操をしていた。上手にリズムに合わせてできているので「うまいよ」と声をかけてから「教室で待っているから来てね」と言って離れ、その後、教室でみんなでラジオ体操をした。まみちゃんがリーダーの日なので前に出てラジオ体操をし、外に出て、マラソンをした。まみちゃんは、あまり走る様子もなく歩きながら一周してきた。玄関の前まで来ると急に座り込み、手のひらに「も、き、あ、い」と指で書いて、読み始め、それから、指の数を一～五まで数えてうれしそうにしている。教室には自分から「いこう」と立ち上がり歩いてくつをはき替えて戻った。

ノートを出して字を読み始めたが、どうもその字は適当に読んでいる様子。その後、カードに書いてある「はな」「なわとび」など、ひらがなが大好きなので、次から次へと書き始めた。お母さんからの連絡で、宿題で名前を書くところに、何も見ないで「おおたまみこ」と書いたそうだ。まだ正確には書けていないが、視写しないで名前を書くことができるようになってきたのだ。「まみこ4」とか「おおたまみこ5」などと時々名前に数字を書き加えることがある。4や5の意味がまみちゃんなりにあるのだろう。とにかくいろいろな形で変化し成長していることは間違いない。今のところ、数学では、数と物との対応ができておらず、数についてはまだまだ興味を示さない。十までは数えることができるが、やはり物との対応は不確実だ。ゆっくり興味が持てるようになる時がくるまで待つことにしよう。

合奏の練習で、まみちゃんより少し遅れて私が音楽室に入ると、講師の先生に「見てて下さい」

と言われてしまった。いつもまみちゃんに付く私は「えっ？」と思い、なんのことだかまるで状況がつかめない。とにかく離れてまみちゃんを見ていると、一人で「日本昔ばなし」の曲をキーボードで弾いている。確かに一人で弾いているのだ。先生が「ファ」「ソ」と音階で指示するとそれを理解している。一曲終わり、あわててまみちゃんの側に行く。次の曲は「虹の彼方に」で、今までは私が指で指示してから、まみちゃんがキーボードを押すという練習だったのに、音階を伝えるだけで弾き始めた。

十一月からは、まみちゃんが教室から玄関までを一人で歩いて帰るようにうながしている。入学してから一度も自分から教室を出ていったことがなく、ほとんど毎日、帰り支度が始まると帰りたくないと言ってぐずるので、神谷先生が立たせていっしょに玄関まで歩いていくという日々だったのだ。しかし、今ではうながすと「じゃあね」と言って、一人で教室を出て玄関まで歩いていくようになってきた。変化してきている。学習面でも、カードに書いたひらがなを「がっこう、つくえ、えんぴつ、おかあさん、おとうさん」など次から次へと読み始め、そのカードをとても大事そうにカバンに入れて家に持って帰っている。

合唱コンクール

「ルネ小平」というホールで我が校の合唱コンクールが開催された。一年生にとっては初めての合唱コンクールだ。昨日は、今日の合唱コンクールの最終練習で校内のあちらこちらで歌の練習が行われていた。様子がわかっているのか、まみちゃんは「きがえない」と言ってそのまま教室に入り、全校朝礼にも行こうとしなかった。昨日から少し緊張していたのかもしれない。

昼休みにクラスの三人で最後の練習をした。まみちゃんは、ほぼ一人で弾けるようになっている。十二時五十五分。「I組」の出番が近づいてきた。緊張したのか舞台に行くのをこわがり、神谷先生がまみちゃんを連れて舞台に上がった。照明がついて、さあ本番。一曲目は「日本昔ばなし」。なかなかうまくうたっている。「ファソミレ」と一人で弾くこともでき、二曲目の「虹の彼方に」もほとんど一人で弾き、三曲目はまだ音がとれないので指示をして弾いた。三曲無事に終わり、礼をしたあと、舞台から降りないでステージの上でまみちゃんが座り込んでしまった。もっともっとステージの上で演奏したかったのだろう。終了後、少し興奮していて、お茶を飲み、落ち着いてから三年生の合唱を見学することにした。集中した目で合唱を聴き、指揮者を見ている。指揮がすごく気に入ったようだ。みんな初めてのステージでいろんなことを感じ取り、こうして子どもたちはひとつひとつの行事に参加し、自信をつけて成長していくのだろう。

翌日、「I組」のみんなの表情がすっきりとしているように感じた。合唱コンクールの結果に大満足だったのだろう。またひとつ伸びたような気がする。

十一月十一日木曜日（日誌より）

歩行補助のためのくつ底を作りに病院へ行ったので、まみちゃんは十一時過ぎに母親といっしょに登校してきた。玄関に迎えに来たみかちゃんと会って喜び、手をつないで教室へ行く。数学の時間に、ひらがなをホワイトボードに書いては消し、書いては消して楽しく覚えている。数には興味を示さず、ひたすら字を書いている。みかちゃんがまみちゃんの詩を作ってくれた。「太陽よりも月よりもかわいい。ずうっーと、ずうっーといっしょにいたい」と書いてある。心の底から通い合っているのだろう。二人を見ていると、仲が良いこと以上の何かを感じる。二人で何十回も仲良しの握手をしている。今の時代にこんなに深い友情が育っているとは、一生の友達間違いなしのほんとうにいい関係だ。今日は、のんびり過ごす。

日曜日。市内の福祉祭にまみちゃん一家が参加されるというので、私も家族といっしょに初めて行ってみることにした。すごい人出だった。まみちゃんはエプロン姿ですっかり手伝う格好だ。「これどう？」と言うので「すてきよ」と言うと、「せんせい、きたの？」と言うので、「そうよ、まみちゃんに会いに来たの」と、楽しく会話が成立する。まみちゃんもうれしそうで、二人で焼きそばを食べた。少しの時間いっしょにいただけだが、まみちゃんが家族の愛に包まれて過ごしていることがよくわかった。まみちゃんの二人のお兄さんと少しだけ話をすることができた。まみちゃんのことをとても大切に思いやっている気持ちが伝わり、ご家族のやさしく幸福な姿を見てしみじみとうれしい気持ちになることができた。

近頃まみちゃんは、トイレ、給食、下校前の着替え準備など、やろうと声をかけると、すぐに立ち上がり、スムーズに動いてくれるようになった。帰りの号令も「れい」とかけて、「じゃあねえ」と言ってすたすたと歩いていく。時々、気持ちが不安定な様子で物を投げても、すぐ冷静になり、席に着くようになった。四月の入学時からすると、ひとつひとつの行動や学習に自信がついてきているせいか、まみちゃんの目つき顔つきもしっかりとしてきている。これから、「読む」「書く」「話す」がひとつひとつきちんとできるようになり、そのことがまみちゃんの自立につながってくるといいと思う。

宿泊体験学習

クラスのみんなが楽しみにしていた「二泊三日伊豆宿泊体験学習」の日が来た。まみちゃんの介助についてはまったく心配していないが、ご両親が安心してまみちゃんを三日間宿泊に出せるよう、まみちゃん自身がきちんと行動できるようにと心がけてきた。親御さんの代わりはできないが、親になったつもりで過ごしていこうと思っている。

第一日目

八時三〇分、父母といっしょに荷物を持って集合する。目が輝いていて「せんせい、いこう、いこう」とはりきっている。親から離れて自立しているかのようだ。いよいよバスに乗って出発。クラス三人ともうれしくてバスの座席に座るとすぐ「ぼうやーよいこだねんねしなー」と合唱コンクールの時の曲をうたい出す。もう止められない。次から次へとうたってほんとうに楽しそうだ。最初は富士サファリパークを見学。バスに乗ったままサファリゾーンに入っていくのだが、こわがって動物を見ようとしない。しかし、「こわい、こわい」と言いながらも、下からちらちら見ているようだ。熊、ライオンと見て、昼食。レストランで中華料理を食べた。「おいしい、おいしい」と言って食べた。その後、動物ふれあいゾーンに行く。坂道を降りていくので、大丈夫かと心配したが、その坂道を走って、転ぶこともなく降りていった。ウサギやインコ、リスザルと見学した。ウサギを抱くことはしなかったが「かわいい」と言って見ていた。「せんせいバス、かえろう」と言うので、先に集合場所へ向かうことにした。また坂道をどんどん登っていく。「くうき、おいしいねえ」と言いながら、バスのところへ行き、バスに乗る前に、少し休憩。トイレに行ってから、ゆっくりベンチに座り、二人で話をした。まみちゃんの言葉が、ずいぶんはっきりしてきたので、なんとかわかる。みんなもバスに戻ってきたので、宿舎に向けて出発した。長岡ホテルについて、ホテルの人に挨拶をし、まみちゃんも「おねがいします」と挨拶をして部屋に行った。レクリエーションの時間になると阿波踊りが始まり、もう止められそうもないほど、三人でドンチャカドンチャカ、まみちゃんは主役で踊っている。とにかく手や足は器用で、フラダンスになったり阿波踊りになったりしながら踊り続ける。一時間ほどしてから、そろそろ終わりにしようと言うと「ちょっとまって」とやめる様子もない。夜は興奮してなかなか寝つけなくて十一時頃になってやっと眠りについた。

第二日目

六時三十分、「おはよう」と起きてくる。歯みがきはしないというので様子を見る。虹の郷では坂道を登り、しかも走って登っていったのには、職員一同びっくりした。最初は往復ともバスを考えていたぐらいで、走って登るなど予想もしていなかった。自力で走ったり、歩いたり、休んだりしながら「見て、すごいでしょう」と言わんばかりだ。その後、昼食も終わり、園内を見学。蒸気機関車に乗って遊んだ。疲れていないか心配していたのがまるで嘘のように、午後も自力で歩いて、いや、走って集合場所へ戻ってきた。

宿泊所に帰り、夕食後、入浴。自分で体を洗い、タオルも上手に洗う。湯に入る時は、もちろん手を持って介助し、岩があるので、ゆっくりゆっくり入る。さすがに今日は早く寝るのではと思っていたのだが予想がはずれた。レクリエーションの時間、クラス全員でまるでお酒の入った宴会のように盛り上がる。まみちゃんが主役になって、一時間は歌と踊りに夢中で楽しくて楽しくて仕方がないといった様子。とにかくよかった、みんな元気で二日目を終えて。明日は最終日、三津シーパラダイスに行くことができそうである。私は、まみちゃんの横で寝る。安心してくれている顔で、うれしい。

第三日目

三日目の朝も六時三十分に起きてきた。今朝は歯みがきをずいぶん長くしていた。朝から、すぐ歌と踊りが始まる。三津シーパラダイスのショーでは初めはまったく見ないので、こわいのかと思っていたら、二つ目のショーに入ると「かわいいかわいい」としっかり見学していた。バスの乗り降りもだんだん上手になり、シートベルトもバスに乗ると自分で気がついてしっかり着け、降りるところも背を低くして一歩一歩自力で降りて得意そうである。午後は学校へ向かう。昼食とおみやげの買い物が終わったあとに、これからバスに乗って帰るという説明を始めたら、まみちゃんの帰りたくないコールが始まった。バスの中では宴会開始。途中さすがに疲れたのか、こっくりこっくりと居眠りをしていた。学校へ四時到着。解散。これで家に帰ることになるが、まみちゃんは私の側に来て「いこう、いこう」とまた旅行へ行こうと言う。元気で楽しい思い出をいっぱい作って帰ってきた。

翌日、一時間遅れて九時三〇分登校。旅行の余韻が残っていて「おどろう、おどろう」としきりに言って、盛り上がっている。土曜日なので、健康観察をして下校の予定。まみちゃんも少し疲れているようだ。ひさしぶりに友達のみかちゃんに注意されて怒り、物を投げて興奮していた。ところが、「ぼうやーよいこだねんねしなー」と私がうたい始めたらピタッとパニック状態が止まり、あまりうまくもない歌を聴きながら、なぜだかそのまま落ち着いて下校していった。

次の週も、宿泊学習のビデオを見て思い出しては、みんなでキャーキャーと楽しそうに盛り上がっている。しかし、さすがにまみちゃんは疲れているようで、午後は美術の授業に参加することができなかった。下校時は、自分からすうっと立ち上がり「じゃあねえ」と言って玄関へ歩き出した。四月の入学時から比べるとまみちゃんの身体の状態は驚くほど元気になり、確実にしっかりした身体つきになってきている。一語一語はっきりした発音で言葉も出るようになり、会話になってきている。きっと、学校以外でも、様々な場所でいろんな言葉が出てきているに違いない。今までは、話せなかったのではなく、わかっていても言葉として出せなかったのだと改めて感じる。

週の半ばになっても、まだ、宿泊学習の疲れが残っているようで、元気よく登校し、自分でさっさと着替えて教室に入っても、移動がスムーズにいかなくなってきた。
音楽の時間、鉄琴が上手にできると音楽の先生がほめてくださった。これからは、まみちゃんが一人で音階を覚えて演奏できるように指導法を考えなくてはと思う。ひらがなもしっかり読めるようになり、「いちご」や「おおたまみこ」と何も見ないで書くことができる。何よりも、自分からやりたいという意欲があるのがいい。これから詩を書いたり、絵本を読んだりできるようになるとまみちゃんも楽しくなるはずだ。近頃、私に用がある時は「きて、きて」と呼ぶ。自分の意思を言葉でしっかりと言うことにも驚くが、私の耳元でヒソヒソと話して最後に「ないしょ」と付け加える。思わず笑ってしまう。毎日笑顔で、大笑いをするまみちゃん。この明るさがずっと続いてほしいと願う。明るいということは何ものにもかえがたいことだ。

十一月二十五日木曜日（日誌より）

家庭科調理実習。包丁を使って食パンを切り、ミニトマトを指示がなくてもひとつひとつきれいに洗ってへたを取る。いよいよできあがり「みんなで食べましょう」と言うとまみちゃんなりの支度があるようで「ちょっとまって」と言う。もう一度、家庭科の先生が「さあ準備はいいですか。食べましょう」というと「ちょっとまって、いっているでしょう」と言った。この「いっているでしょう」という言い方で自分の気持ちを表したことに驚いた。国語のテストをしたら、いくつかを残してほとんど読めた。しかし、家での宿題をやらなくなってきている。「りんご」と書くように宿題を出しても、「り」だけしか書かないことがある。多分学校で集中してやっているほうが気分がいいのかもしれない。

とにかく、今まさに字が記憶できるようになり、おもしろくておもしろくてしかたがない様子だ。無理をして数学の問題などをせず、国語の問題を集中的にすることにした。まみちゃんの中に、やりたい順番があるのだろう。それを大切にしながら進めていきたい。着替えひとつとっても、まみちゃんなりの順番があるので、急がせるとかえって行動が止まってしまう。「ちょっとまって」と言うので待っていると、二十分くらいかけてゆっくり着替え、教室に入ってくる。自分が興味を持てることには集中するが、みんなと行動をともにとることができない面がまだある。ゆっくりゆっくり、ひとつひとつできるようになる日を待つことにしよう。

十一月も終わりの寒い朝、まみちゃんが少し涙目で登校してきた。どうしたのかなあと思っていると、そのまま何も言わずに自分で歩いて着替えに行ってしまった。「おはよう」と声をかけると何か話したい様子で「せんせい、さむいね」と言いながら私の手をなでてくれた。やさしいまみちゃんの手のぬくもりが伝わってきた。

三校交流会

市内の小学校との三校交流会を我が中学校の「I組」で行うことにした。みんなで掃除をし、少し教室を中学校らしくかっこよくすることにした。見学に来た小学生たちが「中学生はすごいなー」と思ってくれるといいのだが。指人形やマジックをするので、朝から教室に暗幕を張り巡らした。登校してきたまみちゃんがこわがるかも知れないと心配していたら「何かがある」ということがわかったらしく、もうそれが待ちどおしくてずっと椅子に座って待っている。約二時間の指人形劇やマジックを見たあと、クラスの「藍染め」や「和紙のはがき」「展示会の時の作品」を見てもらった。どれもこれも、感動していただき、自慢してはいけないと思うのだが、生徒の成長はやはりうれしくてついつい自慢してしまった。まみちゃんの小学校時代の担任の先生や介助の方が、まみちゃんの話すはっきりした言葉に驚かれていた。小学生の後輩の友達が「まみちゃん」「まみちゃん」と慕っていた。まみちゃんは、先輩の中学生らしく堂々としていた。三校交流会は初めての企画だったが好評だった。

十二月

十二月一日水曜日（日誌より）

まみちゃんが入学してから九か月になる。機嫌はいいが身体がうまく動かない。かなり疲れているようだ。しかし朝のマラソンを「はしる」と言って、自分から教室の電気を消して外に出た。先頭に立って「よーい、どん」と言い、トップで走り出す。一五〇メートルぐらい走ると少し座り込んだので「あるく?」と聞くと、すうっと立ち上がった。四〇〇メートル終わって、「今日はやめようか」と言うと「もういっかい、いく」と言うので、もう八〇〇メートル歩いた。教室へ戻って国語の授業に入るが、歌の本を手離さず自分の知っているページを次から次へと開けてうたっている。歌詞を一字一字読みたいようである。「そうだ、歌詞から字の読みに入っていくのがいいのかもしれない」と思い、歌詞をひらがなで書いて字の読みを練習させてみることにする。帰りも少し動きが悪い。

宿泊学習からの疲れがとれず、まみちゃんは一日お休み。身体をゆっくり休めることができたのだろう、翌朝はすっきりした表情で登校してきた。介助の方に「さむいから、なかにはいってて、いいよ」とはっきりと言ったそうだ。自分の気持ちをはっきりと話すようになってきたことにも驚くが、まみちゃんの思いやりの気持ちがうれしい。体育の時間、初めて縄跳びの練習をした。後ろから縄を回し片足ずつゆっくりまたいでいくのだが、どうやらまみちゃんも友達と同じようにピョンピョン跳びたいようだ。しかし、両足で跳ぶのがこわいようで、片足ずつ跳んでいる。自分もみんなと同じように、なんでも挑戦したいという気持ちがあるのだろう。両足で跳べなくて「りょうあし、こわい、こわい」と言いながらも両足で跳ぼうと挑戦し、「給食だから明日にしよう」と言っても、玄関で練習し、教室で練習し、何十回も練習して、もう少しで跳べそうなところまでこぎつけた。ひとつひとつのことに夢中になって、真剣にがんばり、楽しそうになんでも努力していく。

音楽の時間、新曲の「四季の歌」を練習した。集中して覚えようとするので、一人でかなり弾けるようになってきた。来年はもう完全に一人で弾けるようになるだろう。午後は一時間ほど歌をうたい続け、曲がかかるとその歌ののっているページを間違えずに開けていた。目で曲目がわかっているのかもしれない。朝から帰りまで授業もほぼみんなといっしょに行動することができ、清掃の時間は雑巾を上手に絞ったり、床を拭いたりして上機嫌だった。着替えの時も「ハッピーロード（カントリー・ロード）」の歌が気に入り、ずうっとうたいながらみんなといっしょにさっさと着替えをして帰っていった。

今年のクリスマス会の出し物は人形劇をすることになり、みんなで練習を始めた。みんな楽しそうに動物の人形を持ち、まみちゃんも仲間といっしょにセリフを言っては大喜びしている。きちんと人形劇のルールを守って練習ができ、クリスマス会でうたう歌や合奏の練習もしている。「ハッピーロード（カントリー・ロード）」の歌がすごく好きなので、これもクリスマス会でうたうことにした。クリスマスツリーの飾りつけも行い、ひとつひとつていねいに飾ってはまみちゃんも大満足の様子だ。トイレも友人の声かけで「うん、いこう」とさっと行き、きちんと手を洗ってから給食につき「おいしい」と言って食べていた。「わかったよ」「そうよ」「おわったよ」と、会話もずいぶんしっかりしてきている。

十二月八日水曜日（日誌より）

今朝はあまり元気がない。人形劇も大好きなのにあまり気が乗らずどうしたのか。十時三十分頃「おなか、いたい」と言うので心配になり様子を見る。やはり生理になった女性はいろんなホルモンの関係で体調も不安定だ。しかし、自分でおなかが痛いということを伝えてきた。昨日、今日とめずらしくパニックになる。もちろん四月当初のパニックとは様子が違って、すぐに収まる。給食時間、おにぎりを「さあ、いくぞ」とはりきって食べて周囲をなごませていた。調子が悪くても明るい一面が出ていた。

朝から冷え込むようになっても、まみちゃんは、あいかわらず元気にマラソンに「いこう、いこう」と誘って、すぐに走り出していく。体操はやる時とやらない時があり、やる時は自分が前に出て先生になる。「寒いから四〇〇メートルでやめよう」と言うと「いやだ」と指でもう一周と示して「いこう」という。結局、毎日、自分から八〇〇メートルを歩いたり、走ったりしている。終わったら決まった場所に座り込み、地面に棒で字を書く。今日は「を」を覚えて何度も読んでいた。これで五十音すべて読めるようになった。時々、忘れる字もあるが、何度か練習するとまたすぐに記憶する。

家庭科の時間、ミシンを使って、スポンジ入り座布団と体操着袋の製作をしたら、まみちゃんが、上手に電動ミシンを使うので驚いた。返し縫いや糸切りも注意しながら切り、全部一人で袋を作り上げ、「すごい、すごい」と喜んでいた。家庭科の先生も、目でミシンを見ただけで、何をどうするのかというミシンの使い方を理解できていることに感心しておられた。まみちゃんはいろんなことに自信があふれてきて生き生きしている。学校が楽しくて楽しくて仕方がないのだろう。下校の時刻になると、帰るのがすっかりいやになるらしい。帰りのタクシーが来る間に、急に言葉づかいが悪くなり、カバンの中のふで箱を「ポンしていい？」と言って、投げるポーズをとった。投げないように話をすると納得してやめた。タクシーが来るのが遅れているようなので私の車で送ることにした。しかし、「かえりたくない」となかなか車に乗ろうとせず、やっとのことで乗せることができた。迎えに出てこられたお母さんとしばらく立ち話をしたが、その間、まみちゃんはずっと私の手を取り、もっと遊びたいという様子だった。「明日もまたね」と言って別れたが、それからしばらくは、下校時刻になると、「かえりたくない」と言っていやがることが続いた。

クリスマス会

今日は午後からクリスマス会。この一日が子どもたちの良い思い出となりますように。「I組」のみんなは、歌や劇、合奏を練習し、ほんとうに楽しみにしていた。私もケーキを作り用意万端だ。まみちゃんは、朝から「きりつ」「れい」と自信満々の声で号令をかけていた。動きもみんなと同じようにスムーズで、トイレも声かけをするとすんなりと一人で行き、中で歌をうたったりして機嫌がいい。クリスマス会は少ない人数にもかかわらず、ものすごい盛り上がりようで、子どもたちが喜ぶ姿が何よりの心の栄養となる。来年も、光輝ける年になるようお祈りをした。それから「I組」の生徒たちとそのご家族の方々の健康と幸福もお祈りさせていただいた。今年一年は、まみちゃんに出会えて、私にとっても最高の年だった。あの当初の困惑した不安な気持ちの日々がウソのように感じられる。

十二月十八日土曜日（日誌より）

朝は一人で着替えて、誰も手を出せない。自分のパターンが決まっていて、まず着替えてから、提出物をロッカーに入れ、教室に行く。毎朝「じゅうにがつ、じゅうはちにち、どようび」というふうに言葉で言えるように練習している。国語の授業で電話での応対の練習をしたら、「もしもし、太田さんのお宅ですか？」「はい」「まみさん、いらっしゃいますか？」「はーい」と自分であることを示す。「今度遊びに行ってもいいですか？」「うん、いいよ。きてきて」とすっかり会話になっている。こちら側の会話は理解できてもなかなか自分の意思を言葉で伝えることができなかったが、できるようになってきた。英語の授業はあまり気が乗らない様子。「ハッピーロード」を何度も何度も聴いていた。それから、カウンセラーの山川先生とすっかり親しくなり、帰るまでずっとふざけて遊んで、めずらしくマラソンに行かなかった。

二学期、最後の週。まみちゃんは、一時間、一時間集中して学習をし、掃除も雑巾を持っててていねいに床を拭く。最近は特になんでも友達といっしょに行動したいという意思表示をするようになってきた。一人で階段を降りて教室を移動するのは危ないので「先生といっしょに行こう」と言うと「いや」と言い、「じゃあ、誰がいいかなあ？」「みかちゃん」と言って、友達のみかちゃんと手をつないで行ってしまった。教師よりも友達のほうがいいのだ。まみちゃんの成長と自立が喜ばしい反面、まみちゃんの手が離れていくことが少し寂しく感じられ、我ながら勝手なものだとあきれてしまう。学年集会にも一人で体育館に歩いていき、一時間程の集会に出てきちんと話を聞き、教室に戻ってきた。「せんせい、さむいね」と言ってストーブの側で手を暖めていた。「あったかい」と言ってみんなといっしょに楽しそうに話をしている。成長を感じずにはいられない。ジェスチャー遊びをしようということになると、初めての遊びにもかかわらずすぐにルールを理解し、楽しんでいた。自分で、うさぎ、ねこ、いぬの動作をして、あたると「あたりー」と言う。自分のジェスチャーが相手に理解されていることがわかり、うれしそうにはしゃいでいる。帰りも一人で玄関に向かって歩いていってしまった。

二学期・終業式

二学期の終業式が体育館で行われた。まみちゃんは、みかちゃんと手をつないで体育館へ行った。三十分ばかりの式も身動きもせずしっかり参加し、終わったら教室へ行き「さむかったね」とストーブの前に座っていた。

今日は介助の山岡さんが退職される日でもあり、前日にそのことを生徒たちに話したのだが、いちばん反応したのがまみちゃんで「いやだー、いやだー、だめ」としばらく言っていた。昨日、今日とまみちゃんは山岡さんに迷惑をかけないようにと思っているらしく、何もかも一人でやっていた。まみちゃんも感じることがたくさんあるのだろう。山岡さんもまみちゃんと離れるのがつらいようだった。人との別れはいつも寂しい。生徒が卒業する時も、つい涙、涙となってしまう。テレビを観ていてもすぐにオイオイ泣いて、涙もろい私なので、今日もやっぱり涙が出てきてしまった。「やまおかせんせい、いつもおせわになり、ありがとう。おげんきで、さようなら」とまみちゃんがお別れの言葉を読みあげた。まみちゃんは山岡さんにとってもやりがいのある生徒だったに違いない。まみちゃんの成長にもいろいろと手を貸していただき、心より深くお礼申し上げます。まみちゃんとの出会いでクラスも私自身もいろんな勉強になり、一生忘れることのできない思い出の数々ができた。まみちゃん二学期も感動をありがとう。

▶一年生二学期、視写でなく名前を書く。

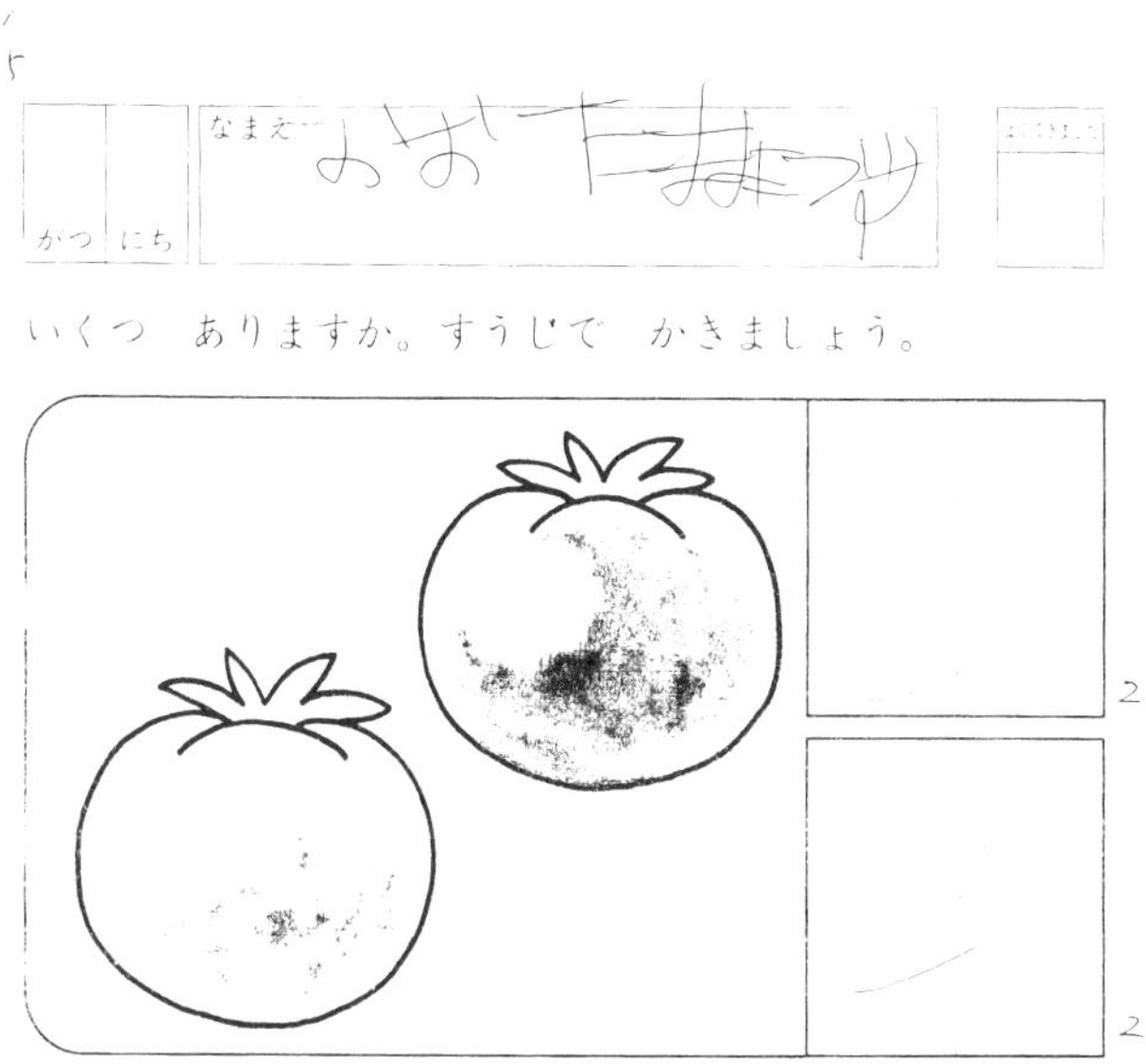

▶十一月八日（日曜日）、私を描いてくれた。

一九九九年　冬

九月一日から十二月二十四日の約四か月足らずの日々の中で変化して成長していく様は、すごいスピードでした。一日、一日、新しい行動がとれるようになったり、新しい言葉が言えるようになったりして、毎日見落とさないようにしていくのが大変なほどでした。

九月の一週目は夏休みが長かったせいもあり、少し身体が疲れたようでしたが、ひらがなの「あ・い・う・え・お」など一学期に言えたものはすべて忘れずに記憶していました。給食はおかわりをして食べる時もあるほどで、身体もしっかり丈夫になってきました。トイレも声をかけると一人で行くことが多くなり、一学期のようについて行くことも少しずつなくなりました。もちろんトイレの側で見てはいますが、ほとんど一人でできるようになりました。

体育大会でのリレー、ハードルでは一人でスタートして走っていきました。毎日行う八〇〇メートルのマラソン練習も、自分から「はしる、やる」と言い、「一周でやめておこう」と言うと、もう一周と指で示します。四〇〇メートルを休まずに走ったことが一、二度ありました。通常は二〇〇メートルから三〇〇メートル走り、その後歩くといった具合です。手をつなぐどころか一人ですごいスピードで走り続ける時もあります。自分自身の体調もコントロールし、自分で休憩を取りながらマラソン練習に取り組んでいました。まみちゃんは根気もあり負けたくないという気持ちも強く、毎日よくがんばったものです。下校する時は必ず帰りたくないコールが始まり、座り込むといった様子でしたが、今ではいやいやながらも自分で歩き出すことが多くなってきました。

合唱コンクールでは、大きな声で「日本昔ばなし」をうたえて、お母さんも感動されていました。合奏ではキーボードを担当。発表会の前々日に一人で弾けるようになりました。音階を記憶していて、しかも五本の指を上手に使って弾くのには感心しました。発表会後は鉄琴に興味を示し、今新曲を二曲練習している最中です。ペダルを踏む足の使い方も友達の演奏方法を見て学んだようです。集中して練習に励んでいるので、今後の展開がとても楽しみです。

宿泊学習では、バスで移動するつもりだった「虹の郷」も一人で坂を登り、それも走って登っていきました。その様子はしっかりとビデオに映っています。子どもに障害があるために「これはできない」と決めつけることはないのだということをまみちゃんによって知らされ、教えられ、学ばせてもらった気がします。「できない」と思わず、ゆっくり、じっくり、一歩一歩、まみちゃんが興味を示した時に知識を与えていくと、それを一瞬のうちに記憶していきました。私自身が教育の根本をまみちゃんに教えられた気がします。

十二月には友達がトイレに行こうと声をかけるとさっさと行けるようになりました。給食時間に物を投げることも二学期の半ば頃からなくなり、パニックを起こすことも二回ほどありましたがほとんど影をひそめていきました。会話をする時もかなり内容が理解できるようになり、目をしっかり見て言葉を話している様子は自分の意思が伝わるという実感から来るものでしょう。

まみちゃんのご両親には学校での学習に深くご理解をいただき、宿題も親にすれば代わりに書き直してあげたいほどの気持ちを抑えて、できないところはできないまま提出してくださいました。ありがとうございます。まみちゃんのご家族の皆様の深い愛情とご理解に心よりお礼を申し上げます。感謝の気持ちでいっぱいです。子どもができない点を隠さずそのまま認めてくださった、そのことが子どもの大きな成長につながっていくことを自分も親として教えられました。「できるまで待つ」親の気持ちはさぞつらく大変であったに違いないと思います。しかし、その「できるまで待つ」ことによって、今まさに以前の何十倍もの早さで学習することができるようになったのです。その成果を、まみちゃんが実践を通して日々見せてくれています。

これから三学期を迎えますが、一年生も残り三か月。ゆっくりあせらず、まず、まみちゃんの主張を聞くことから学習が始まるよう心がけていきたいと思います。教えてあげるのだからとか、自分は教師だからとか、そんなものはなんの役にも立ちません。相手が何を学習したがっているのか、その時期と内容をキャッチし、タイミングを逃さないようにしていくことが大切なことだと思います。一人一人どの生徒にもそういうふうに接していければと思っています。

二〇〇〇年　一年生　三学期・記録

一月

三学期・始業式

今日から三学期が始まる。まみちゃんが、ニコニコしながらタクシーを降りてきた。新しいコートを着て「これどう?」と聞くので「すてきね」とほめると喜んでいた。学校に来ることが、うれしくてうれしくてしかたがない様子だ。「みかちゃん待ってるよ」と言うと、「そう、みかちゃんかわいい」と言って、いそいそとくつをはき替えて教室へ行った。二人ともひさしぶりに会うので、お互い「かわいい、かわいい」と言いながらしばらく抱き合って喜んでいた。こんなに素直にお互いの気持ちを出して喜び合える友達はほんとうに少ないと思う。

始業式で、山岡さんの後任の新しい介助の方が紹介された。若い女性なのでみんなも早く慣れ、若い力をいっしょにいっぱい発揮できるようになったらいいなあと思う。新しい介助の方をまみちゃんに紹介したら、少し照れながら「よろしく」と言ってきちんとあいさつをしていた。はっきりした発音で「コート、どう?」とまた言って、しきりに新しい紺のコートのことを気にしていた。最近まみちゃんが反抗し始めたとお母さんから聞き、ああ、少しずつ次の段階の成長期に入っているんだなあと感じた。自分の意思を伝え、反抗できるようになってきたのだ。

一月十二日水曜日(日誌より)

登校してくると「せんせい、あっちいって」と自分で着替えを始めた。おやおやと思っていたら、しばらくして走るかっこうをして「せんせい、はしる?」と聞いてきたので、「そうね、マラソンやろう」「いいよ」「みかちゃん、ゆきちゃん」と言って、クラスの友達もいっしょに走ろうと誘っている。そして「せんせい……きんやろうね」(……きんは鉄琴のこと)と楽器の演奏にも積極的だ。

障害児を持つ親御さんたちが、地域で自主活動しておられるサークル「どんぐり」を初めて訪ねた。もちろん、まみちゃんとまみちゃんのお母さんもメンバーだ。水曜日と金曜日の週二回活動しているそうで、ボランティアの方といっしょに、子どもたちが絵本を読んだり、おやつを食べたりと楽しそうに午後の時間を過ごしていた。ここのところ、中学校のガラスを割られる事件があり、校内の警備が強化されて、ものものしい雰囲気が続いていた。私も何かしら落ち着かない日々だったが、「どんぐり」のみなさんの暖かで和やかな空気に包まれ、ひさしぶりに豊かな気持ちになることができた。おやつをお届けしてすぐに帰る予定だったのだが、つい居心地がよくて、とうとう最後までおじゃましてしまった。

一月十三日木曜日（日誌より）

今日も元気にお父さんと登校。新任の介助の方をお父さんに紹介し、まみちゃんは自分でくつをはき替え、自分で教室へ行き、介助の方に側で見ていてもらいながら着替えをする。介助の方にいろいろ教えてあげている様子である。一時間目、二時間目、家庭科でマフラーを編み、忘れずにメリヤス編みをしている。日直なので「きりつ、きをつけ、れい」と号令を大きな声でかけ、自分の力を発揮している。先生たちに「すごいねえ、すごいねえ」とほめられて「うん。せんぱい」と言い、先輩の意識が出てきているようだ。国語の読み方とひらがなを書く練習をしたが、こちら側が言った字を視写しないで書き出した。

「少し疲れているようです」という連絡をお母さんから受け、まみちゃんがやや遅れて登校してきたまみちゃんの体力に合わせて、ゆっくり様子を見ながら授業に入ることにした。マラソンは

「いかない」と言うのでやめにした。音楽の授業中、まったく指示なしでキーボードで「四季の歌」を弾いて練習しており、ほめると喜んでもう二曲、練習した。

午後になって元気が出てきたのか、「せんせい、はしろう」とランニングのかっこうをする。「ほんとうに走る？」と聞くと、「うん、いこう」と自分から準備を始めたので、介助の方と三人でランニングを開始した。八〇〇メートルをウオーキングで終了したが、その間ずうっと阿波踊りをしながら歩いていた。すっかり疲れがとれているようだ。体力がついて、一日中がんばれるようになってきた。

数学の時間に突然「じゅういち、じゅうに、じゅうさん」と数字を読み始めた。しっかりした発音で、どんどん読み始めた。クラスのみんなもびっくりして、いっしょに「まみちゃん、すごい、すごいね」と喜び合った。数に興味を持ち始めているのかもしれない。いつ数に興味を示すのかと待っていたが、いよいよという感じになってきた。

国語で「マッチ売りの少女」の本を読むことにした。ふりがながついてはいるものの、漢字が入っているので最初は難しいようだった。「は」の読みの使い分けも難しいようで、質問をしながら読んでいた。そのうちどんどん読めてくるようになり、とうとう三ページ、四ページと読み進んでいった。そこへ校長先生が顔を出され「僕にも聞かせて」と言われたので、まみちゃん大ハッスル。ますます読み進んでいく。私は感動して、少し涙が出てしまった。それを見てまみちゃんが「なかないで、なかないで」と言ってくれた。こんなにうれしいことがあるだろうか。毎日が充実していて「I組」は最高に幸福だ。これもみなさんすべてのおかげであることを忘れないで、これからもやっていきたいと思う。まみちゃんは、下校時にいやがることもなく、自分から「きりつ、れい」と言ってカバンを持って玄関へ行き、自分でくつをはき替えて行ってしまった。

公開授業

三学期も二週目に入る。今日は、二、三、四時間目が公開授業となる。あいにくの雪にもかかわらず、たくさんの保護者やボランティアの方々が見学に来てくださり、ほんとうにありがたい気持ちだ。まみちゃんもお母さんの顔を見つけてうれしそうだ。まるでよみがえったように生き生きとし、目が輝いて見える。美術の陶芸では集中して上塗りをする。トイレも一度声かけをすると、しばらく時間をおいてから、突然自分で立って一人で行ってしまった。「自分でできる。なんでもできる」と言いたいのだろう。

ほめながら自信をつけさせるように指導してきたが、認められることによってすごい能力を発揮することが、この一年で体験としてわかった。こうして記録をとっていると、学習の指導も次の段階はどのような教材を用意しようかと、いろんなことを考え、いろんなことを学ぶことができる。これも楽しくてしかたがない。まみちゃんも私が悩んだり考えたりしていることを充分承知していて、今では二人三脚の学校生活である。介助の方もまだ一週間なのにまみちゃんと仲良くできていて、まみちゃんも心を開き始めている。

また、校舎のガラスを割られるという事件が発生した。明け方の三時頃、何者かが入り込んで割ったらしい。警察官も来ていて学校中ものものしい雰囲気だ。ほんとうに困ったことだ。だが、不思議なことに「I組」のガラスだけは割られておらず、まだ良心がどこかに残っているのかもしれない。ガラスを割った人もきっと苦しんでいるのだろうが、もうやめてほしいものだ。校舎のガラスを割ったからといって、なんの解決にもならないのは本人が一番よくわかっているはずだと思うのだが。とにかく、生徒たちになるべく動揺を与えないようにしなければいけない。

まみちゃんはゆっくりゆっくりと三十分かけて着替えをし、制服をていねいに自分でたたんでかごに入れた。基本的には、だいたいなんでも一人でできるようになってきているのだが、その時の気持ちや状況によって、できる日とできない日がある。

数学の授業に入り、スゴロクを作り始めた。数にはまだ集中できないようだが、スゴロクを作ったりしてどんどん自分から参加してくることもあるので、様子を見ながら進めている。その後「マラソンに行こう」と言うと、気がのらないのか「うん。いかない」とめずらしく走ると言わない。「ハッピーロード」と言うので、その曲を聴きながらうたうことにした。何回も何回も同じ曲を聴き、はっきりとした言葉の発音や歌詞を覚え、その意味を理解しようとしているのが伝わってくる。

技術の授業で木工室に行くと、教室で「ハッピーロード、やりたい」と言って、まったく木工に意識を向けない。そのうちさっさと教室へ戻っていってしまった。一人で電気をつけ、ラジカセの巻き戻しをし、再生を押し、とうとう自分だけでテープをかけてしまった。それから、連続二時間ハッピーロードをうたい続けた。その後、技術で木工をやらなかったのが悪かったと思っているらしく「せんせい、ごめんね」と言って謝ってきた。本人のわがままを聞き入れているように思えるかもしれないが、形や時間にはめて教育しても身につかないし集中できないのだ。今やろうとしていることは何かということをキャッチし、それを「見る、聴く、書く、覚える」という教材として広げていくという方法をとっている。これでいいと思っているわけではないが、今の私には、これ以上の指導法が見つからない。とにかく、いろいろなことに対して、少しずつ一人で行動しようと努力している姿が見受けられる。こちらもついついあせりたい気持ちを抑え、まみちゃんの成長の速度に合わせていかなければと思う。

「おはよう」と声をかけたら「はーい、おはよう」とその声は力強く元気である。朝、みんなの前に出て体操をする時は、自分がリーダーになっているという意識もあり、注意もする。体操は、柔軟もストレッチも、目で見てよく理解し、なかなか上手だ。二学期までは、おにごっこをしている仲間を見て笑いころげていたのに、三学期になってからは自分からおにごっこに入り、友達を追いかけて楽しんでいる。マラソンもやる気満々の時は「さあ、いくよ」と私に声をかけてスタートする。一番前を走るのが好きで走り出す。しかし、少し走り始めるとあとはどういうわけか歩き出す。もくもくと歩き一周の四〇〇メートルで「やめようか?」と言うと、「いや、いこう」と指を一本だし、もう一周歩くという。結局八〇〇メートル走ったり、歩いたりして、いつもの木の下の必ず同じ場所に五~十分座り、地面に字を書いて覚える。これがだいたい日課である。「さあ、教室に行こう」とみかちゃんが声をかけると、さっさと立ち上がり教室へ行く。英語の講師の先生を見かけると、親しみを込めて手を振っていた。講師の先生は週に一度の先生が多いので、なかなか慣れるのに時間がかかった。

三学期に入り、新任の介助の方を迎えてスタートしたこの一月は、まるで別人のようにトイレも給食も何もかも自分から立ち上がって行動している。私自身、特に指導法を変えたわけではないが、「まみちゃんは自分でやりたいのだ」と直感した時から少しずつ少しずつ離れて見ているようにしている。

この二週間、スムーズに動き授業にも集中して参加している。給食当番でゼリー配りをし、ゼリーがひとつ余ったら、「これ?」と言うので、「いいよ、あげる」と言ったら「ありがとう」と自分の机の上に置き、二つのゼリーを「おいしい、おいしい」と言って食べていた。下校時は帰ることを少しいやがったが「仕方がないので帰ろう」という様子で教室の電気を消し「じゃあねえ」と言って帰っていった。帰りのタクシーの中から必ず手を振ってくれるその笑顔はもう百万ドルの笑顔である。

給食に関する連絡事項があったのでお母さんに電話をしたら、この二〜三日は、ほんとうにびっくりするほど家でもお手伝いをしてくれ、トイレもさっさと自分から行くそうだ。きっと近い将来全部自分でやるようになるのだろう。自立した行動ができるようになるとともに、感情の起伏も激しいようだが、それも必要なことなのだと思う。自分でコントロールをとっているのだろう。「自我の成長」とともに、やっと、自分の意思を態度で表わせるようになってきたのだ。家でも確実に変化している様子がうかがえる。

一月二十六日水曜日（日誌より）

今日まみちゃんにびっくりすることがあった、グランドでマラソンをやって、少し休んでいる時、グランドの地面に字を書き出して、「し、い、せ」と書いて「これなあーに？」と私に答えさせようとする。それを答えていくうち、私が漢字で「太田麻実子」と書いたらそれを消して、見ないで「太田」と漢字で書いた。宿題では視写で練習していたが、何もない空白の状態に「太田」と漢字で書いたのを見たのは初めてだ。すごくほめたら、自分も大喜びして何度も書いて見せてくれた。そこにたまたま校長先生が通りかかり、そのことを知らせると、いっしょに喜んでほめてくださった。まわりで喜んでいると、「太田」と漢字で書いたあと、一粒の涙がまみちゃんのほほを流れていた。まみちゃんもよほどうれしかったのだろう。ほんとうにこんなに感動する場面は、長い間教師をやっていてもなかなか体験できることではない。行動面でも、みかちゃんの声かけで、すべて動くようになり、教師から少しずつ離れていき、自立していくようだ。少し寂しいような気持ちもするが、やはり、こんなにうれしいことはない。

お母さんから「昨日の午後、食べたもちが喉につまって救急車を呼びましたが、まみちゃんが暴れたせいでもちが喉から胃へ下がり大事にはいたりませんでした」と連絡を受けた。何よりだったが、ほんとうに驚いた。給食時も十分に水分をとり、ゆっくり時間をとって食べるように気をつけなければと改めて思った。幸い、当事者のまみちゃんは、昨日のことは忘れているかのように、今日は何がおかしいのかケラケラとよく笑っている、なんでもおかしい年頃なのだろう。しかし、やはり疲れているようで、めずらしくゴロゴロしている。様子を見ながら、トイレに行くようまみちゃんに話しておいたら、友達のみかちゃんの声かけで立ち上がり、トイレに行った。教師の声かけはもう自立の妨げになるのだろう。みかちゃんといっしょに行動する。みかちゃんは、まみちゃんと同じ一年生で同時に入学してきた。しかし、小学校が違うので二人とも中学校で初めて出会ったことになる。この二人の友情はどんどん深まっていき、言葉がなくても心と心が通じ合うようだ。教師を何十年もやっているが、こんなに気持ちを許し合い、より深い愛でつながっている友情は見たことがない。偶然の出会いとは思えないほどだ。

五時間目に習字の授業をすると、ひさしぶりに筆を持って六枚ほど次から次へと詩を書いた。詩はまみちゃんの気持ちを引き出し、それを聞きながら私が字を書き、まみちゃんがまたそれを見て清書していくという方法で進めている。授業中「このはな？　このはな？」と花と鼻の違いを理解して楽しそうに冗談を言ってふざけるなど、今までにはなかった面を見せてくれた。

三学期が始まって以来、ものすごい速さで「行動の面での自立」がなされ、移動や下校もスムーズに行い、教師がまみちゃんを立たせて連れていくようなことはまったくなくなってきた。話もよくするようになり、友達との会話も成立し、他の教師にも自分のことを話すようになってきた。とはいえ、まだまだ単語で話し、理解できる言葉は少ないのだが、発音は以前よりはっきりとして聞き取りやすい。生活に必要な会話は成立するようになってきている。

学習面にも大きな成長が見られるようになってきた。作業学習では興味が持てるとどんどん学習し、二時間連続の授業でも最後まできちんと参加できるようになった。国語は漢字に興味が少しずつ出てきて「わたしの手」「わたしの目」「わたしの口」をふりがななしで読めるようになった。授業で数回教えただけだが全部記憶しているようだ。課題を与えると、ある日突然、読めたり書けたりする。時期とタイミングがあるのだろう。こんなに早く記憶することができるのに、どうして小学校時代にはひらがなも読めなかったのだろう。一言で時期ではなかったと言われればそうなのだが、まみちゃんの中に学習する順番があるのだろう。まみちゃんは小学生時代の六年間分をこの一年であっという間に自分の力にしてしまったようだ。

二月

二月一日火曜日（日誌より）

あきらかに自分に挑戦してがんばっている。マラソン終了後もみかちゃんとすんなり立ち上がって歩いて玄関へ入った。ところが、くつもはき替えず、すのこの上に横たわって遊び始めた。しばらく様子を見て「ハッピーロードをうたうよ」と言ったら、さっさとはき替えて教室へ来た。三・四時間目の技術の時間、木工の電話台を、先生といっしょにこつこつとくぎを打ち完成させた。一本一本のくぎを自分でゆっくりゆっくり打っていく、二時間連続の作業は途中であきたりしたものだが、もうその様子もなくどんどん製作する。

まみちゃんの数学の授業について、講師の先生と打ち合せをした。ブロックを描いてその中に1～10まで、11～20まで書いて□の中に入れていくという「数と物との対応」の教材を指導していただくようお願いした。形の違う初めての教材なので、どう対応するのか少し心配しながらの授業だったが、説明をしなくても目で見てどんどん数字を書き入れ、「じゅうさん、じゅうよん」と読んでいく。1～20までの数は初めてだったので、まだはっきりとはわからないようだが、なんとなく理解しているようだ。

数学の授業終了後、まみちゃんが私に向かってひさしぶりに長い話を始めた。十五分くらい話し続けている。話の内容には、どうやらセーラームーンのことも入っているようだが、内容はところどころしかわからない。まみちゃんの話している言葉は残念ながら、まだ全部を理解してあげることができない。話が終わると介助の人に「トイレにいこう」と自分から意思表示をした。誰にもうながされないで、まったく完全な形で自発的に「トイレにいこう」という意思表示をしたのは、入学以来初めてのことだ。介助の方にトイレについていってもらい、帰ってくると「おわったよ」と私に告げ、その後もはりきっている。「自分の意思をなんでも言って伝えられる」ということはほんとうに大切なことだと思う。マラソンの準備体操も、足を伸ばしたり、片足でジャンプやけんけんをしたり、次から次へといろんなことを自分で考えて取り組んでいる。もう止まるところを知らないほどだ。

マラソンを一周でやめて地面に座り、棒を拾って数字を書き始めた。いよいよ数に興味が出てきたのかと思っていると、「12・13・14」のあとに、「太田麻実子」と書いたり、「15・16・17」と書いたり、今度は手のひらに「18・20」と書いて、私に「これは？ これは？」と次から次に手のひらに字を書いては消しながら問題を出してくる。正解だと「ピンポン！」と言って私の手のひらに花まる印をつけてくれる。

校庭から教室に戻る時、私の声かけではまったく動く様子がないので、みかちゃんに頼むことにしたら、みかちゃんの「まみちゃんかわいい」の一言で、さっと立ち上がった。くつも自分ではき替えて教室に戻り、ハッピーロードをうたってから国語の授業に入った。ハッピーロードの歌詞はもう全部覚えている。発音もはっきりしていて、一曲うたい終わると「どう？ どう？」「すてきよ」「じょうず」「すごい」と自分でほめながら一人でラジカセの巻き戻しをし、また再生と次から次へと操作をして何度も何度も聴いてうたっている。もう、まみちゃんにとって最高に幸せな時間らしく、夢の世界だ。目の輝きが物語っている。家庭科の時間、指を上手に使って二本の棒針を動かし、私にずうーっと話しかけながら編物を仕上げていく。感情も豊かに表現して、すっかり女の子の会話だ。帰りの着替えも、難しいスカートのホック止めも、ほとんど自分でできるようになった。

毎日が、まるでかけ足で通り過ぎていくようだ。朝の学活で「わたしは、おおたまみこです」

と言い、「わたし」「わたし」と自分のことをはっきり発音し、もうなんでも言えるのよ、わかっているのよと表現している。このようにまみちゃんが自分の能力を発揮できるようになったのは、家族の愛が土台にしっかりあるからこそだとつくづく感じる。まみちゃんを大切に思ってくれているご両親とやさしいお兄さんたちがいて、ほんとうにまみちゃんは幸福だ。家庭科の講師の先生が「まみちゃんの元気をもらって仕事ががんばれるのよ」とおっしゃっていたが、ほんとうにそのとおりだと思う。まみちゃんは元気のエネルギーを他の人にも与えている。

「まみちゃん」「みかちゃん」と二人の名前を呼びながら、通常学級の三年生や同級生の女子が五〜六人ほど「I組」によく遊びに来るようになった。まみちゃんも顔がわかっている様子で慕っている。いっしょにうたったり、踊ったりして、自然に友達になり、友情の輪も広がっているようだ。

「ハッピーロード、うたった」とまみちゃんが話してくれた。連絡帳にお母さんが「昨日家族でカラオケに行って、まみこが大きな声でカントリー・ロードとおよげたいやきくんをうたいました」と書かれていたので、カラオケでうたったということなのだなとわかった。「ハッピーロード」とは「カントリー・ロード」の曲のことで、まみちゃんには「ハッピーロード」と聞こえるらしい。そう言われれば「ハッピーロード」というふうにも聞こえる。昨日のことをこうしてしっかり言葉で知らせてくれることができるようになってきた。

まみちゃんの好きな曲は「日本昔ばなし」など他にもいろいろあるのだが、なぜか今は「ハッピーロード」の曲に夢中で、ほとんど毎日学校でうたっている。特別な思い入れがあるのかどうかはわからないが、「ハッピーロード」の曲を何度も繰り返してうたい続けることにより、歌詞の言葉を覚え、はっきりした発音ができるようになってきた。とにかくこの曲には、まみちゃんは自信を持っているのだろう。「I組」の見学にきた親子の前に行って、突然「ハッピーロード」をうたい始めた。カラオケでうたって、家族にほめてもらい、すっかり自信をつけたので、きっと初めて会った人の前でもうたいたかったのだと思う。うたい終わったあと、初めて会った人にもかかわらず自分から話しかけ、歌の次は鉄琴、木琴と、次から次へと音楽にもう夢中になって入り込んでしまった。まわりに人がいても緊張など感じることなく、弾き終わってはまわりに「どう?」「どう?」と感想を聞いていく。「すごいね」と言われて、みんなの拍手でまた自信をつけている。自信をつけることがこんなにも伸びていく糧になるのだと改めて見せつけられた気がした。自信のつくことはなんでもやっていこう。他の先生やみかちゃんとも会話がはずみ、もうすっかり気持ちも言葉も伝わってきているようだ。まみちゃんはこれからどんなことを思い、どんなことを話し出すのだろうか。春と同じように、もうすぐそこまで、まみちゃんが花開く日が来ているように感じられる。

二月十日木曜日（日誌より）

一、二時間目にバレンタインデーのチョコレートを作った。みんな大喜びだ。家に持って帰ることになっている。いつもお世話になっている先生方にもみんなでチョコレートを持っていった。相手が喜んでくれると自分たちもうれしいのだろう。良いことはほんとうに心が豊かになる。水飲みもトイレも自分の意思で行動している。声をかけなくてもだんだん自分でやるようになってきた。ほんとうに自分でやりたいのだろう。私も少しずつ離れていく必要があると感じる。マラソンは三周。ずうっと歌をうたいながら、休むことなく一気に歩く。大きな声で、ほんとうに終わることがないくらいうたって喜んでいる。

自分に自信がつくということは、こんなにも大きな声を出して走ったり、うたったり、話したりするのだということがわかってきた。この自信を力にしていきたいと思う。

三連休明け、まみちゃんが「せんせい、おはよう」と大きな声であいさつしてくれた。なんだか先週より言葉がはっきりしてきたように感じる。生徒手帳が、先輩の印と思っているようで、しっかり手に持って「これいい？」と手帳を見てニコニコしている。とにかく元気いっぱいの様子だ。

気温が低いのでマラソンはどうするのだろうと思っていたら、準備体操をして玄関へ行き、ストレッチ体操をていねいにていねいにしたあとで、外へ向かった。しかし、一周で座り込んだので、もうやめるのかと思っていたら二周目を歩き出し、結局八〇〇メートル歩いた。

用事があって中学校に来られた福祉作業所の課長さんが、しばらく「I組」の授業を見学された。課長さんは市の障害者保育園の園長でもあったそうで、まみちゃんの幼少時をよくご存じらしい。まみちゃんが「ハッピーロード」をうたっている姿を見て、まみちゃんの成長に驚き、母親のような気持ちで喜んでおられた。今年はいろんな方が見学に来てほめてくださり、ほんとうに充実した一年だ。まみちゃんは、介助の若い方に「かわいい？」「かわいいよ」と言ってもらっては甘えて抱き合う場面も見られるようになり、一か月余りで介助の方にも心を開いてきたようだ。心の目で大人の人間性を見分ける鋭い感受性を持っているので、絶対にまみちゃんをごまかすことはできない。子どもの心は計算がないのでまっ白い気持ちで大人を見てくる。だからこそ心が洗われるような気持ちがするのだろう。

「せんせい、きて、ください」と呼ぶので、側に行くと「ストップ」と言う。私が立ち止まったら話しかけてきた。言葉の発音が充分に聞き取れないので、私はうんうんとうなずいているだけだが、ニコニコ笑いながら自分の話したい言葉で話している。友達には対等な仲間意識もあり、みかちゃんの着替えの仕方に「みかちゃん」と言って注意したりする時もある。

数学の時間1~30までの数を線の上から書いていく練習をした。もしかしたら今日は数字が読めるかもしれないと思い、まみちゃんに数字を読むことをうながしてみた。すると「じゅういちじゅうに……」と最初は20まで読み、その次は30までと、どんどん読んでいくではないか。特に「じゅう」の読みをはっきりと発音して読んでいる。とにかく突然脳がフル回転し始めた感じで、教師の名前も「かみや、こんの、かい」とはっきりした発音で呼び始めた。確かめるように何度も何度も呼び、自分で自分をほめて大喜びしていた。

昼休みには、通常学級の女子生徒が四人ほど遊びに来て、まみちゃんと握手をしたり話をしたりしていた。しかし、五校時が始まるチャイムが鳴る頃になると、ひさしぶりにパニックになり雑巾を投げ始めた。さすがに疲れが出てきたのだろう。しばらく様子を見ていると、以前よりは早い時間で落ち着いてきた。五校時の卒業生を送る言葉の練習では、また、はりきり出して止まらなくなる。大きな声で読み上げ何度も何度も練習する。はっきり発音できない言葉もあるが、自分もみんなの前に立って読みたい、読めるよ、と言いたいのだと思う。

何かができるようになる時は特に疲れるのかもしれない。まみちゃんができるようになったからといって、何もかもいっぺんにやらせないように、あせらずゆっくりゆっくり指導していかなければ、せっかくのやる気を失わせてしまうに違いない。もう、まみちゃんはどんどん成長し、伸びていく一方だ。楽しみがいっぱいだ。お父さん、お母さんのこれまでのご苦労を考えると、ほんとうに大変だったとお察しするが、これからはまみちゃんは親孝行をするだけだろう。

三校交流会
　三校交流会のため市内の小学校へ出かけた。在校生から卒業生への言葉を読み上げることになっており、まみちゃんとみかちゃんは自分で書いた作文を読むことにした。まみちゃんは堂々とマイクの前に立ち、発音こそはっきりしないが、卒業していく三年生のゆきちゃんへのお別れの言葉を感情をこめて読み上げた。人の前に立ち、マイクの前に立てたらそれだけでもすごい成長だと思っていたのだが、とても堂々とした態度だった。やはり小学生の前に立っているという意識とプライドがあり、がんばっているのだろう。
　交流会の終わり頃、緊張のせいで少し疲れたらしく、床に座り込んでしまった。学校へ帰ってきてからも作文を読みたいというので、国語の時間ずうっと読んでいた。読むことへの自信が出てきたのだろう。すべての字が読めるわけでもなく、発音もはっきりとはできていないので、他の人なら「すごい成長」というふうには思わないかもしれない。しかし、四月からまみちゃんを見てきた私にとっては、完全ではなくても、ひとつひとつの行動がすべて日々まみちゃん自身の目で耳で学び取って学習していったものなので、やはり「すごい成長」だと思う。
　今ひとつ元気がない声で「おはよう」と言ったので少し気になりながらも、いっしょに外へ出てマラソンに行った。二時間目の英語が終わり休み時間になると、急に自分のふで箱からえんぴつをとり出し「ポンしていい？　ポンしていい？」と私に聞き、一本、二本とえんぴつを投げ、最後にふで箱まで投げてしまった。入学時の物を投げる時とは違い私の顔を見ながら、一本、二本と投げていった。自分で投げているうちに興奮してきたのだろう、黒板消しまで投げて、とうとう本格的に興奮する。神谷先生が入ってきて側について抱いているうちに少しずつ落ち着いてきた。するとまた、ふで箱を「ポンしていい？」と笑いながら言うので「物を投げるのはいけないよ」と繰り返し話す。少し笑いながら聞いている。神谷先生にスキンシップを求めているのかもしれないと思い、神谷先生と手と手を合わせて押し合う遊びをしたらほんとうに落ち着いた。私の前に来て「せんせい、ハッピーロード、やる」と言うので、「そうね、カントリー・ロードをうたってね」というと自分でラジカセを取りに行き、操作してうたい出した。うたい終わると「どう、すごい？」「どう、すごい？」と聞いてくるので、「上手ね。聞かせてね」と言うと、「いいよ、すごい、いいよ」と自信満々である。すっかりパニック状態からぬけ出して落ち着き、「せんせい、やって、いいよ」と私に仕事をしていていいよとうながす。自分はうたっているからというのである。

みんなが体育の授業を終えて戻ってきた。すると、こんどは突然紙に「水」と書き出した。友達のみかちゃんが春菊に水をやっているのを見て「水」と漢字で書き出したのだろう。そしてコップで水を飲むまねをして「みずよ、みずよ」と言って何度か書き、手のひらにも「水」と漢字で書いた。パニックのあとには必ず何か変化があるようだ。

あっという間に、二月も終わりになってしまった。まみちゃんのご両親にお会いする機会があり、まみちゃんの誕生時のこと、医者からまみちゃんの状態について報告を受け、家族みんなで話し合ってまみちゃんを大切に育てようと心に決めたことなど、いろいろなお話をうかがうことができた。教師と保護者がここまで心を打ち解けて話すことはあまりないのではないかと思うくらい、お父さんもお母さんも正直に様々な話をしてくださった。まみちゃんが家族の愛に育まれて成長してきたということを改めて実感した。

言うまでもなく家族の苦悩もあったはずだが、「大きな意味があって誕生してきた子ども」だから「この子がどうしたら幸福になれるだろうか」といつも考えておられるということが、ご両親の言葉からしっかりと伝わってきた。それに応えるかのようにまみちゃんはなんでも一人でやろうとし、懸命に自立しようとしている。手を出すと「いいの、いいの」「だまってて」と言うので、そんな時は手を出さずしばらく側で見守っている。それでも帰りに先にタクシーが来て待っていると、つい手を出してしまったりもしてしまう。もっともっとゆっくり時間をとって、着替えや連絡帳の記入などができるように、まみちゃんが自分の力だけでできるように考えていかなければと深く反省した。

三月

三月一日水曜日（日誌より）

一時間目は数学で1～30までを読み、二時間目のマラソンはめずらしく準備体操もしないで床にゴロゴロしている。まみちゃんは少し疲れている様子だ。他の生徒がマラソンに行ったあと、まだゴロゴロしているので、画用紙とボールペンと「白雪姫」の絵本を置いて見守ることにした。そしたら氏名を漢字で書いたり「目、ゆきちゃん、みかちゃん、がっこう、水」などひらがなと漢字を書き出した。漢字の氏名をしっかり読み、次に「白雪姫」の絵本を読み始めた。今日は途中で字がとんでも注意したり読み方をこちらで言ったりせずに、だまって見ていることにした。すると、自分の力で読めない字や忘れた字を思い出しながら、二十ページある絵本を全部読み終えた。マラソンはしなかったがこうして学習をして満足している。クラスの他の二人の女の子はまみちゃんが自分たちと同じ学習や行動をしていなくても絶対に批判したりしない。まみちゃんが何かできるようになった時はみんなで喜びほめ合う。今日はこうして一日が終わった。

調理実習でカレーライスを作った。まみちゃんは、準備には参加するものの大好きな野菜洗いもしないという。どうするのか見ていたら、さっさと家庭科室を出て教室に戻りカントリー・ロードの曲をラジカセでかけ始めた。しばらくして何をしているのかそっと様子をうかがうと、「美女と野獣」の絵本を開いて目をキラキラ輝かせている。どうやら内容は知っているようで、絵本の中の人物を一人一人指でさして「これ、こわい、これ、パパよ」とひとりごとを言いながら、いろいろ説明をしている。もう夢中で絵本の中に入っている。絵本に興味を持ち、その人物や様子を目で感じ取っているようだ。きっとこの「美女と野獣」の絵本も今に読み始めるのだろう。「カレーができたから食べよう」と声をかけると、「はい、おわり」と本を閉じて家庭科室へ戻ってきた。「おいしい、おいしい」と食べてカレーの中の人参をスプーンですくい、「これ、みかちゃん？」と、このカレーの人参をみかちゃんが切ったの？　と聞いているようで、「そうみかちゃんが切ったの」と答えると「ありがとう」と言いながらおいしそうに食べていた。こうして、毎日毎日新しいことに興味を持ち、理解して、成長していくのだろう。

街でまみちゃんとお母さんが食事をとっておられたら、通常学級の三年生の女子生徒が「まみちゃん、まみちゃん」と親しそうに声をかけてきたそうだ。それが、ほんとうに自然な様子だったそうで「人にはささいなことでわからないでしょうが、こういう時って幸せを感じます」と連絡帳にお母さんが書かれていた。とにかく、廊下でも街でもどこでもまみちゃんが堂々と歩いている姿がうれしい。自信を持って生き生きと輝いていってほしいと願う。障害のある子どもたちは、人に助けられているようで、真実のところは、人を助けているのだと思う。障害のある子どもたちについて、「この子どもたちに光を」ではなく「この子どもたちが光になれるのだ」という言葉を聞いたことがある。とても共感する言葉だ。実際、そのとおりになれる子どもたちばかりだと思っている。私は心障学級に携わってまだ三年目だが、親が我が子を冷静に見て、考えて、障害を認め、そこから初めて出発し、育てていけるものだと思いいたるようになった。子どもの持っている障害を認めることができないとその子どもたちはほんとうにかわいそうだ。障害があることを認められないということは、子どもの存在を否定しているように感じてしまい、ほんとうに悲しい気持ちがする。まみちゃんのご両親が「ダウン症です」とはっきり口に出して私に話された時、子どもに対して冷静に判断されていて、ああ、いろんなことを乗り越えていらっしゃったんだろうなあと深く心に感じ入った。「I組」に来て、私自身ほんとうに勉強になることばかりだ。

三学期・期末テスト

三月の声を聞くと、すぐに学期末テストが始まる。我がクラスも学期末の復習テストを始めることにした。まみちゃんは、「は」の使い分けが時々難しいようだがひらがなは全部読むことができるようになり、漢字は「目・口・手・木・水」など確実に書いて読むことができるようになった。数字も1～50まで読め、物との対応も「2・3・4・5・6・7」とわかり、物を数えてその数字を書けるようになってきた。すばらしい成長を見せてくれた一年間だった。これもすべてご両親の愛情と努力があってこその成長だと感謝している。

学期末テストも無事終わり、まみちゃんが教室の窓を開け「せんせい、きてきて」と呼ぶので側に行くと、外の空気を手のひらにのせ「きもちいい」とほんとうに気持ちよさそうに言った。「いこう」と、外に出ようとまみちゃんが誘うので、クラス三人で校庭に行き、桜の木の下でいろんな鳥を観察した。三人三様、それぞれの見方で鳥を目で追っていく。まみちゃんは、感性が豊かなのでひとつひとつの表現が、幸福を運んでくるような気がする。また少し風が冷たくなってきたので教室に戻った。いよいよ三学期もあとわずかになってしまった。

三月七日火曜日（日誌より）

「白雪姫」の絵本を一字一字指で追って全部読み終える。今日で二度目だ。四月から考えると、五十音を指導しないで文から入っていったが、ほとんど読めるようになっている。今は漢字に興味を示しているので、ひとつひとつの漢字の練習から入るか、文の中に漢字を入れて練習に入るか、どうしようかと考える。英語の時間で、ＡＢＣＤＥと理解できて私を呼び「ねえこれ？」と「Ａ」の発音を聞くので「エー」と教えると「Ｂ、Ｃ、Ｄ、Ｅ」と私のあとをついて発音してみる。ＡＢＣをいっしょうけんめいノートに写して書く。一度見たり聞いたりした字や言葉は、頭にも目にも入っている。言葉として発せていないだけである。

昼休み時間、ずいぶん長い時間阿波踊りを踊っていた。足や手をいろんな風に動かして工夫して踊りを作っている。給食もコーンシチュウをおかわりした。牛乳も飲むペースが早くなってきた、食べる力、飲む力がついてくると、もっともっと身体も成長していくだろう。

新年度の入学予定者が親子で体験入学に来た。まみちゃんは、登校してくるといきなり十個の机と椅子が教室に並んでいたのですっかり驚いたようだった。それから、体験入学者が続々と教室へ入ってくると、知っている顔を見つけ、もうすっかり気分は「先輩」だ。まみちゃんは、「後輩」の側にいって握手をし「よろしく」と言ったり、自己紹介をしたり、生徒手帳を見せたりと大はりきりだ。体験入学の生徒も交えて、二時間ほど授業を行ったが、自分が「先輩」であるという意識もあって、かなり緊張しているようだった。体験入学の生徒も、それぞれ緊張しているようだ。まみちゃんは号令も「きりつ、れい」としっかりかけてくれた。給食時間になると、すっかり言葉が少なくなってしまった。少し疲れてきたのだろう。たくさんの新入生を迎えて、四月からは、にぎやかな毎日が始まりそうだ。今日は、家庭科の講師の先生とお別れする日でもあり、一人ずつお別れの挨拶をし、まみちゃんも「ありがとうございました」とはっきり挨拶をしていた。家庭科の講師の先生も「時々、まみちゃんに会いに来るわ」と言っておられ、名残り惜しそうに帰っていかれた。

お別れ会

三月は私の苦手な別れの季節だ。三年生のゆきちゃんの「Ⅰ組」でのお別れ会の日、まみちゃんが朝、着替えをしながら、何かを私に伝えようとしてきた。しかし、何を言いたいのかなかなか理解することができない。やっとのことで、頭が痛いということと耳が痛いということを伝えようとしていることがわかった。もうすぐお母さんも来られるので、とりあえず様子を見ることにした。お別れ会が始まってから少し顔が赤くなり、額に手を当てているので熱が出てきたのだろうか、元気もなくなってきた。お別れ会に参加しておられるまみちゃんのお母さんも心配そうな様子だ。会が終わってから体温を測ると、三十六度九分で微熱があった。けれども、まみちゃんは「がっこう、がっこう」といって家につれて帰られるのが絶対いやだというそぶりだ。お母さんには先に帰っていただき、引き続き様子を見ながら過ごすことにした。

その後、まみちゃんはジュースをかなり飲み、おかしも少し食べ始めた。給食までまだ時間があるので国語を勉強しようかとうながすと「うん、やる」と言うので漢字の練習をした。「目、耳」まで練習して、他の所にみかちゃんの顔を書き始め、ふと見るとその横に自分の氏名を全部漢字で書いていたので驚いてしまった。一年でほんとうにここまでよくがんばってくれたものだ。いつのまにか、熱もひいたらしく、下校時間まで学校にいて、帰っていった。

二連休明け、少し気持ちのコントロールがとれない様子だが、三年生を送る会の合奏の練習をしていたら、最初の出だしから全部自分で合わせて弾いていた。合図もなしに弾けたのだ。いつかはやれると思っていたが、それが今できたのだ。

帰りは着替えをしたくないというので少し様子を見ていたら、ひさしぶりにパニックを起こし始めた。物を投げ、自分で興奮して息を荒立てている。「カントリー・ロードをうたう?」と言うと「うん」と言って落ち着き、ラジカセを持ってきてうたい始めた。生理の時は、大人の私たちでもイライラしたりするので、ましてや中学生時代はもっと気持ちのコントロールがとれないのだろう。そこで、まみちゃんの一番好きな落ち着ける曲をかけることをうながしてみたのだ。帰りの着替えはしないというのでジャージのまま下校させることにした。もうどんなことがあっても全然心配はいらないと思えるようになってきた。

三年生を送る会

三年生を送る会が午前中体育館で行われた。ステージの上でクラス三人で合奏を行う。朝一度みんなで練習して本番に備える。一、二年生の劇と歌が終わり、いよいよ我がクラスの合奏だ。「さよなら友よ」「四季の歌」「ともだちはいいな」の三曲を合奏する。昨日の練習では、まみちゃんは、最初だけ合図を送ると全部弾けた。今日はどうなるかと思ったらステージに立って堂々と落着いて始まった。少し遅れるところもあったが、ほぼ一人で弾けた。十月から練習してきたこの曲はものすごい進歩で弾けるようになった。音階も覚え、曲も聴き取れている。合奏が終了しステージを降りてきたら、通常学級の一年の女子数名と先生たちが「まみちゃん、よかったよ。上手だったよ」と声をかけてくれたり、握手を求めてきたりしたので、まみちゃんはびっくりした顔をしていた。これで一年間の主な行事を全部終えることができたが、クラスのみんなも力を合わせてよくがんばってきた。まみちゃんの成長だけでなく、一人一人の生徒たちの成長もりっぱなもので、教師冥利につきるとはこのことだ。

卒業式

「I組」からの卒業生はゆきちゃん一人だ。明日から「I組」は二人だけになってしまう。寂しくなるが、四月になったら、新入生が入ってきてまたにぎやかなクラスになるに違いない。少しの間の辛抱だ。昨日の卒業式の予行練習では、寒い体育館での長時間の練習にもかかわらず、まみちゃんはりっぱな態度で練習に参加していた。言葉で言えなくても心の中で卒業式をわかっているのだろう。寂しそうな表情をしていた。

いよいよ卒業式本番、公の場だということをきちんと理解し、みかちゃんが話しかけると「シー」と口の前に指を立てて合図をし、静かにという様子をしていた。すべてのことが理解できているのだ。式の途中で、涙ぐんでいるのかなと思ったら、ほんとうに泣いていた。やさしく思いやりのあるまみちゃん。感情も豊かなので、心に卒業式が響いているのだろう。式が終わって教室で行われた最後のお別れも、まみちゃんはもう涙、涙の一日だった。帰る時も寂しそうに帰っていった。おめでたい日でも卒業式はやはり寂しい日だ。


卒業式が終わり、生徒二人の「I組」は、やはり火が消えたようだ。まみちゃんも元気がない。卒業式の意味もわかっていて「そつぎょう」と言って思い出したり、「みかちゃんとふたり」と言ってうつむき状態だ。「四月になったら、また楽しくなるからね。しばらく二人のクラスでやっていこう」と話をした。

休み時間にお手玉で遊び、片手で上にあげて片手でつかむ練習をした。三十回は繰り返しながら夢中にやり、それから、お手玉の左右を入れ替えてやり始めようとしていた。目で見て、まねしながら記憶していく。この一年間、まみちゃんはほんとうに努力をし、ひとつひとつ着実にいろいろなことができるようになってきた。まんがの本も読んで「ドラえもん、すごいよ」と言ったりする。まみちゃんと出会ったことで「教育の原点を教えてくれる子どもの力のすごさ」に気づかされ、「ゆっくりとあせらない気持ち」「できるまで待つ」ということなどいろいろなことを教えられ、考えさせられ、勉強させられた。

三月二十二日水曜日（日誌より）

毎日、号令をかけてくれるが「きりつ」というまで時間がかかる。今日は黒板に初めて字を書き出した。「足・め・い・ゆ」など、「みて、みて」と言って、黒板に書いては消し、書いては消ししている。今までグランドに字を書くことはあっても、黒板に字を書くことはなかった。字を書くことにも自信がついてきたので、黒板に書き始めたのだろう。昼食は、調理室でうどんを作り、クラスで育てた畑の春菊を入れて全部食べた。その後、お腹が痛いと言って自分からトイレに行く。トイレの中で大きな声で「きいてよ」と言っては話し続けている。

一年生・修了式

とうとう一年生最後の日がやってきた。修了式。まみちゃんは、さっさと歩いて体育館へ行ってしまった。三十分ばかりの式だが、立ったままできちんと参列している。教室へ戻ると少し疲れた様子だったが、スポンジでできたボールでキャッチボールをして、みかちゃんと二人で仲良く遊び始めた。カウンセリングの先生ともしばらくいっしょに遊んでもらい、十時三十分の下校時間までボール遊びや、まんがの本読みなどをして穏やかに過ごした。私が「明日から春休みです」と学活で言うと、「いやだ」とすかさずまみちゃんが言ったので、思わず笑ってしまった。

一月十三日
視写ではない

二〇〇〇年　春

一年生の記録も今日で終わりです。四月の入学式、ほんとうに不安でした。その日から一年が過ぎたのです。当初、四月、五月とパニック状態が続き、給食の時間、物を投げたり、ふで箱を投げたりしました。六月、七月頃まで続きましたが、今ではほとんど物を投げなくなり、精神的にも落ち着きが出てきました。

六月の半ば頃から「あいうえお・かきくけこ・おおたまみこ」など突然ひらがなを一字一字読み始めました。自分からひらがなをやりたいという意思表示をして、五十音を全部覚えていないはずのまみちゃんが「わたしは、いちごがすきです」など次から次へと読み始めたのでびっくりしました。しかし数学にはまったく興味を示しませんでした。こうして一学期を終え、二学期にはスラッと姿勢も良く、まるで別人のように登校してきました。

九月最初の一週目は夏休み明けでもあり、疲れているようでした。少し物を投げたりしましたが、二週目、三週目からはもう止まるところを知らないようにひらがなを読み、書き始めました。五十音すべて読み書きができるようになったので、次は数学への理解をさせようとしましたが興味を示しません。あせってはいけないと思い。今何をやりたがっているのか、それを見つけることにしました。そうしたらなんと、カントリー・ロード（ハッピーロード）という曲をテープに入れて、ラジカセで聴きながらうたうことにすごく興味を持ち始めました。毎日毎日、時間をとっては、カントリー・ロード（ハッピーロード）をうたわせてみることにしたら、初めは、はっきりした発音でうたえませんでしたが、三月に入って、かなり聞き取れる発音でうたえるようになってきました。まみちゃんはこの歌をうたうことによって自信をつけていき、一曲一曲うたい終わるごとに「どう？　すごいでしょう？」と必ず評価を求めてきて何十回もうたい続けました。今ではラジカセの再生、巻戻しなどは全部自分一人で行います。

二学期の後半。毎日、介助の方が「まみさん、きょうは、マラソン、がんばりましたね」などとハガキに書いて渡してくれました。ひらがなで書かれた文を、一字一字読み上げて、大喜びして持ち帰りました。そのハガキを「大切に持って寝ています」と大喜びしお字が読めたり、書けたりしても家ではあまり見せないそうです。もっともっと自信をつけてから、お父さん、お母さんの前で、自分の力を見せる日が来るのでしょう。

そして、いよいよ三学期。介助の方が新しい人に代わりました。最初は横目で様子を見ていましたが、少しずつ心を開いていき、今では友達のように思っているようです。まみちゃんは自分が先輩だと感じているらしく、いろんなことを指示したりもしています。たとえば、着替えている時は「あっち、まっていてね」とか、片付けの手順など自分のやり方があり、それも「ちょっと、まって」と言って自分のペースで動いていきます。トイレは今では教師とは絶対に行きません。友人の誘いでさっさとトイレに行き、給食をワゴンで運び、配膳も自分の気分のいい時はします。毎日の号令は「きりつ」「れい」と多少時間はかかりますがきちんと必ずまみちゃんがやります。教室の移動時も教室の電気を消し、全員の机と椅子を整頓してから移動します。授業もほとんど参加し、友人といっしょに行動できるようになりました。今まで「やりたかったけどできなかったこと」が少しずつできるようになり、自信をつけて成長し、自立していきます。友達との会話も言葉の発音がはっきりしてきて、感情を込めて会話ができるようになってきました。

私は教師になって初めて「生徒から教えを与えられたこと」に感謝とお礼の気持ちでいっぱいです。まみちゃんの成長の成果は、私の指導技術や指導力によるものではありません。まみちゃん自身とまみちゃんをとりまくご家族、友人たちや様々な方々のおかげです。一人の力では何もできません。まみちゃんがこれほど成長するとは思いませんでした。いろんなことがあり、すべてが私の勉強になり、私自身今までこんなに毎日充実して生きがいを感じられたことがないほどの日々でした。一日一日にどのくらい感動したことか。二十九年間教師を辞めずによかったと心から思います。まみちゃんが中学校を卒業するまで、あと二年ですが、時間は早く過ぎていくので、一分一秒を大切に「I組」の生活を送りたいと思います。

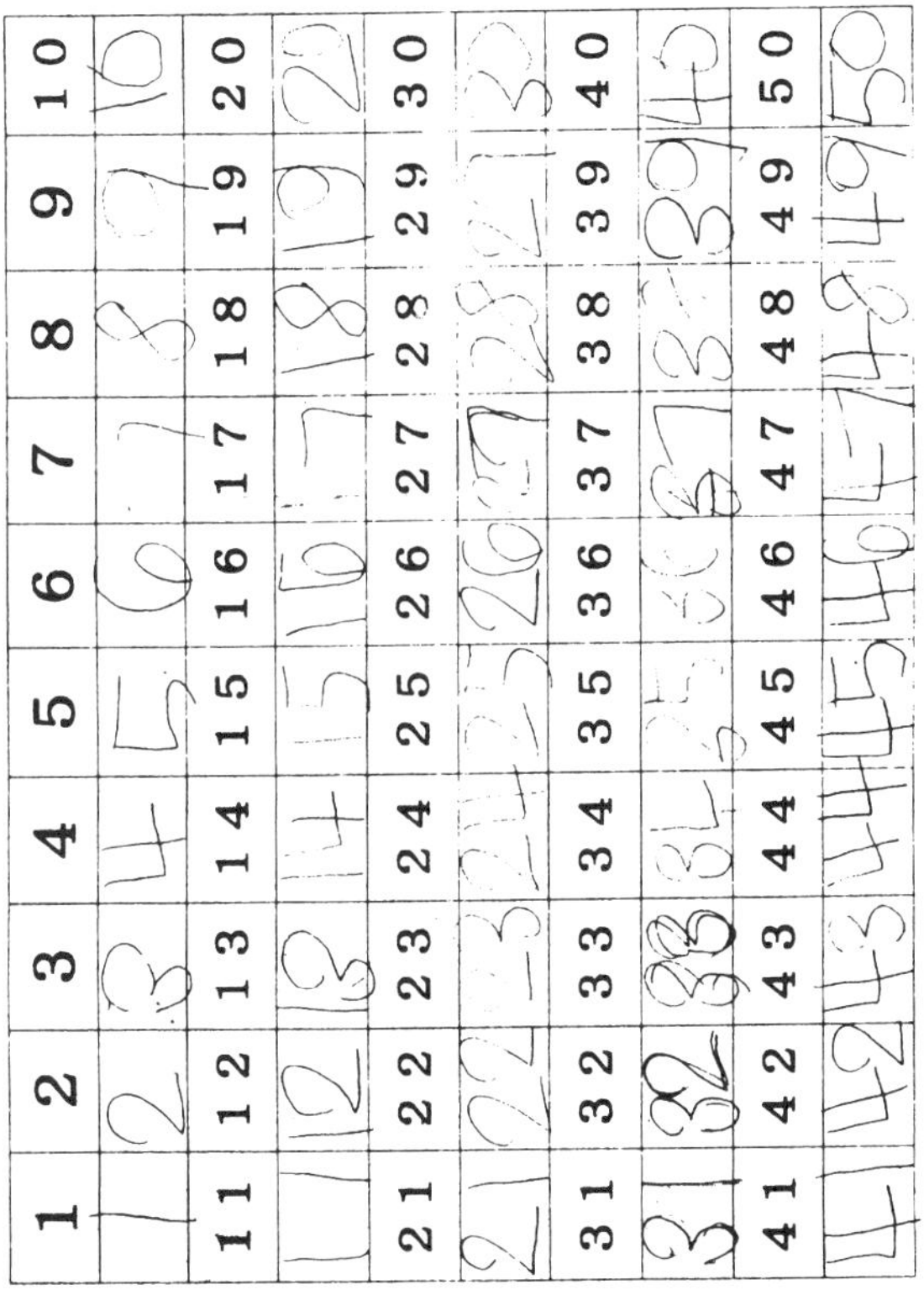
1 2 3 4 5 6 7 8 9 10
11 12 13 14 15 16 17 18 19 20
21 22 23 24 25 26 27 28 29 30
31 32 33 34 35 36 37 38 39 40
41 42 43 44 45 46 47 48 49 50

51 52 53 54 55 56 57 58 59 60
61 62 63 64 65 66 67 68 69 70
71 72 73 74 75 76 77 78 79 80
81 82 83 84 85 86 87 88 89 90
91 92 93 94 95 96 97 98 99 100

羽根のない天使1（お母さんの手記より）

私は、この子を産んで三日後に、染色体異常と言われ、退院一か月後にダウン症と告げられました。何があっても家族全員で協力して育てようと決めました。

外国では、ダウン症の子どものことを別名「エンジェル・ベビー」と呼んでいます。なぜこう呼ばれているのかは、育てるうちにわかってきました。

次男は、年が近いせいかよく面倒を見てくれ、また、長男はその二人を見てくれました。私たちは家族全員でよく出かけます。それは今でも続いています。たまには夫と二人だけで外出もします。その間三人仲良く留守番をしています。今もその図は変わりません。

娘は八か月たっても首は座らず、どこに行くにもバスケットに入れて出掛けました。この子にはいろんな経験をさせようと毎年家族旅行を計画して続けています。

保健婦さんから、こういう子がいる「あけぼの学園」をすすめられ、一、二回外から見ましたが、最初の内は興味が湧きませんでした。でも時がたつにつれ、首が座らず、不安な日が続きました。思いきって三人で訪問しました。その日は運動療法の先生の日で、訓練を受けました。帰宅し、気がつくと娘の首が座っていました。あの驚きは今も忘れません。それ以来学園への通園を始めました。そこには経験豊かな先生がいてすぐに意気投合しました。

同じダウン症でも、もう一人の子はなんでも早く、先生は、「比べていないで先を考えなさい。今はそう見えてもハイハイの長いのは将来プラスになるのよ」と。

この子は次のステップに入るまで、ほんとうに時間が長く、全体重を引きずってのハイハイ、一人でお座りができるまでに数年もかかりました。しかし、色は白く目はとびきり大きく、小さい耳、小さい口、ひくい可愛い鼻、自分の子はほんとうに可愛いものです。どのような障害があっても私の子、大切に育てようと思いました。それにしても小さい足、かかとがないのです。この子が将来歩けるようになるか心配でした。毎日さすって大きくなれ大きくなれのマッサージ、数年後、かかとらしきものが育ってきた時はほんとうにうれしかった。でもまだ小さいのでこれで体重は支えられない。いつも前抱きオンブで、首は座っても体はアメーバー、前抱きで、背中を支えないとグニャグニャ。それでも娘はがんばって生きています。せっかく授かった命だもの、なんとしても楽しい人生をこの子に与えなくては！　もともと反骨精神旺盛な私ですもの負けちゃいられない。園で仲良くなったお母さん方と父母会を作り活動を始めました。

そして将来のために小学校、養護学校を見学して勉強もしました。次のステップは、小学校の心障学級と決めていました。娘の学校への登校には親の介助が必要なため、私は六年間学校と家の二往復、行事やＰＴＡの時は三往復。でも得ることはたくさんありました。他の生徒たちの夢や気持ちが手に取るようにわかり始めたのです。

学校の心臓検診で雑音ありと言われ、翌年手術を受けました。最初の病院ですべてを決めてしまうのは不安なので、三か所の病院で見てもらおうと決めました。第一の病院で夫は「ここで手術をしよう」と言いましたが、私は反対しました。第二の病院で、先生は「どうして手術をするのですか？　親なきあとは誰が面倒を見るのですか？　自然の寿命に任せたら？　もし成功してもこういう子は他にも悪いところが出てきて、かえって他を悪くしてしまう」。夫はカンカンに怒りました。「あんたが決めることじゃない」。私はこの先生は正直なんだと思い、次の病院のことを考えていました。先生は今の医学界では、賛成派と反対派に分かれていると説明をしてくれました。私が「先生はどちらなんですか？」と聞くと、しばらくして「良い方法を考えましょう」と言われました。

数週間後紹介された第三の病院。その先生は私に「お母さん、びくびく二十年生きるよりお嬢さんの二十歳の時を想像してください」この一言で決まりました。「ここだこの人だ」。あとでわかったことですが、その前に友人が調べてくれた中に、障害児を積極的に診てくれる先生がいる。この人がその先生だったのです。

三月に入院し一週間後に手術。すぐに医療チームが組まれました。三月二十日が手術の日でした。娘は九年前のこの日に命を授かりました。三時間の予定で、不安な時を過ごしました。病名は動脈管開存、心房中隔欠損。予定より早く終わり、他にも何か所か穴が開いていたそうです。

五月から再び学校へ通い始めました。休んでいる間に学校の先生から養護学校をすすめられましたが、きっぱり断りました。安全だけで心障学級を選んだのではありません。楽しい学校生活が始まり、四年生の後半から宿泊学習にも参加できるようになりました。双方が安心できるようになるまで、私は宿泊は断わってきました。一度風邪をひくと人の三倍も治るまでにかかるので気をつけました。そのうち、学校で学んだことをある日突然、表すというような日を繰り返すようになりました。おしゃれにとても関心があり、長い髪にほっそりした身体をしています。

私はこの子を産んでから、ダウン症に特効薬はなく、そして太りやすいということなので、バランスのとれた食事作りを心がけています。

この子は、担任の先生のちょっとした違いも見のがさず、「かわいい」というのが口ぐせです。「まみちゃんだけよ、この年になってもかわいいと言ってくれるのは」とよく言われました。よくまわりに笑いをまきおこします。

さあ、ここまでくると「あけぼの」にいた時から抱いていたもの、地域で生きていくこと。それには地元の中学が一番です。しかし、就学相談の結果は「養護学校」へでした。

たかだか十五分位で、この子の将来を決められてはかないません。就学相談へはいつも夫婦で出席していました。

なぜその結果を出したのか、手続きに行って聞きました。すると養護学校は先生がたくさんいる、看護婦さんがいる、バスがあるなど。そして「お母さん、中学は小学校七年生とは、違うんだよ、教師一人雇うのにいくらかかると思ってるの！」でした。がまんして聞いていた私の心に、反骨精神が頭をもたげました。夜、夫に話を伝え、じっくり話し合った結果、やはり、地元が一番となりました。

ところで、就学相談ってご存じですか？　広い部屋の中、コの字型に机と椅子があり、市内の小、中学の校長、教頭、教育委員の人六～七人が座り、その中央に母子が座ります。想像してみてください。尋問ですよ。私たちが心障学級に入りたいと心を決めたのは、十年間調べ、見学に行き、情報を集め、我が子の成長を見て出した結論なのです。この子は亀さんのようにゆっくりですが、確実に伸びています。この子の将来は、私たちにかかっているのです。この人たちは、この子の将来のほんの一瞬の人々です。私たちは普通学級を希望しているのではなく、心障学級を希望しているのです。この子に可能な限りのチャンスを与え、刺激を与え、見てまねて覚える。それができる子だということを、誰よりも私たちは知っています。

数か月後に一中入学の許可が届きました。一中、「愛組」。私はこの字だと思っていたのです。

ABCのIなのに。おっちょこちょいの私です。

この市に、「愛組」ありと言われなくちゃ！　今、娘はルンルンとして学校へ通っています。毎朝、父親の車かタクシーに一人で乗り込んで登校し、タクシーで帰ってきます。自費で通っています。私たちへのカンフル剤は、娘の元気な声で「ガッコースキー、センセースキー」です。これが私の娘の生いたちです。

今、神様が現れ望みが叶うとしたら、前の私たちなら、「ダウン症を治してください」と望んだことでしょう。でも、今は違います。この子を授かったことによって家族の絆がしっかりと結びついたこと、そして知らなかった世界、やさしさや、人間の本質を、また、「見目形」でないものを教えてもらったのです。

この子は、私たち家族のたからものです。

二〇〇〇年　二年生　一学期・記録

四月

一学期・始業式

　平成十二年度が今日から始まる。始業式。ひさしぶりにまみちゃんに会うので、どんな表情で登校するのか楽しみにしていたら、「せんせい、いたの」とうれしそうに私に抱きついてきた。みかちゃんともしばらく抱き合って大喜び、すごくはりきっているようだ。今年度も「I組」の担任になることができ、ほんとうにありがたい。

　まみちゃんに二年生の学年バッジを手渡すと、ものすごく喜んで、一日中気にしていた。「太田麻実子」と漢字で自分の氏名を書いたり、上手に絵を描いたりして下校までの時間を過ごした。始業式なのでいつもより早い下校時間なのだが、それが不満でまみちゃんは帰りたくないと騒いだ。

「I組」に新一年生が八名入ってきた。男子六名、女子二名で、二年生のまみちゃんとみかちゃんを合わせると「I組」は合計十名のクラスとなった。まみちゃんはどう対応するのだろうかと思っていたら、教室に入ってきて新入生の顔を見ると「あらっ」という表情のあと、すぐ新入生だと理解したらしくニコニコとうれしそうな顔をした。それから、自分の机にカバンを置いて椅子に座り、すっかり二年生らしく落ち着いて新入生の様子を見ていた。一時間十分ほどの入学式も落ち着いて参加し、入場、退場もスムーズに動いたが、式後は新入生と握手をしたりして少し疲れが出てきたようだった。まみちゃんがどんな先輩ぶりを発揮してくれるか、これからがとても楽しみだ。

今年度の我がクラスのスタッフは、私と、昨年いらした神谷先生と、今年度新しく赴任された、五十過ぎの農業大好きという今井先生（男性）、それに介助の今野さんという若い女性の四名である。

一時間目にゆっくりと更衣の練習をし、二時間目はマラソンコースをクラス全員で歩いた。みかちゃんといっしょに四〇〇メートルを歩いて、その後ろを一年生がついてくるという感じだ。昨年からみると、子どもの成長には目を見張るものがある。

四月十一日火曜日（日誌より）

一年生との対面式。二年生は先に体育館に入り、一年生を拍手で迎え、歌をうたって歓迎した。まみちゃんは校歌に興味を持ち、しきりに口ずさんでいた。帰る直前、自分の机の上にあったプリントをちぎって少し興奮していた。急に十名のクラスになったので疲れるのだろう。先輩になったうれしさと緊張で慣れるまでは少し疲れる日々が続くかもしれない。教師側もまだ手順がうまくいかず忙しいので、影響が出てしまう。今年は桜吹雪の舞う中で写真を撮った。まみちゃんもさっさと外に出て落ち着いて撮り終えた。今年度もあせらずに進んでいきたいと思う。

みかちゃんが初めて学校を休んだ日のこと。「みかちゃんお腹痛いといってね。お休みなのよ」と言うと、かわいそうという顔をして私の手の甲をみかちゃんのお腹のようにしばらくなでていた。大の仲良しだけあって、みかちゃんが休むとほんとうに寂しそうだ。「みかちゃんおなかいたいの？」と何度も聞いてくる。給食も始まり、昨年は残っていたものが、今年は残るどころか足りないくらいだ。食欲も旺盛で、みんな成長期なのだ。いろいろとおしゃべりをしながら楽しく給食を食べている。

その日の午後からは耳鼻科検診の予定になっていた。昨年はまみちゃんは入学したばかりで、暴れて検診を受けることができなかったが、今年はどうなるのだろうかと少し心配になってきた。

校医の先生が、白衣を着ないで教室に来てくださることになり、待っている間中、まみちゃんは、ハッピーロード（カントリー・ロード）を気分よくうたっていた。そこへ校医さんが入ってこられ、まみちゃんの気分を楽にしようと話しかけてくださったが、まみちゃんはすぐに医者だと気づいてしまった。しかし、「こわい」「こわい」「いいよ」と自分で自分を励ましながら椅子に座り、鼻、耳と診ていただき最後に「ありがとう」と校医さんにお礼まで言っていた。今年は、もう大丈夫。すっかり落ち着いている。

一年生が入学してから、まみちゃんはなぜか毎朝の準備体操をしないで見学しているだけになってしまった。一年生、一人一人の様子を見ているようだが、やはり多人数のクラスに疲れるのだろう。あえて時間をとって、まみちゃんを一人にしてみたら、作業室へ行き、ハッピーロードの曲を聴いてうたっていた。数学の時間、１～１００まで視写で数字を書いたが、その速いことにびっくりした。しかも、しっかり枠の中におさまっている。絵で表した数を「いち・に・さん」と数えたり、突然机の上にボールペンで「13・14・17・18」と10以上の数を書いたかと思うと「水・花・足」と漢字を書いたりする。まみちゃんのお兄さんの名前を漢字で一度書いて見せたら、すぐに覚えてさっさと書き、大好きなみかちゃんの顔も描いた。数字や字や絵を机にいっぱい書いた。机の次は、自分の手のひらにボールペンで数字、漢字、ひらがなと書き、手の甲にもいっぱい書く。字を書くことに集中しているのでボールペンだったが止めずにいると、とうとう帰りの着替えもせずにそのまま書き続け、ジャージのまま下校することになってしまった。

まみちゃんは、二年生になってから、まだまだ、自分のペースがつかめないようだ。私もなかなか昨年のように、まみちゃんといっしょにいられる時間がとれない。来週からは、少し落ち着いてクラスを見ていかなければとは思うのだが。ただ、まみちゃんの様子は、新入生が入ってきたことで不安になっているようには見えない。急にクラスの人数が増えて疲れてはいるものの、どことなく落ち着きがあり、考えごとをしているようにも感じる。何かやり出しそうな気配がする。四月は新入生も緊張しているので、これから先どういう展開になるのかまったくわからないが、楽しい思いやりのあるクラスにしたいと考えている。

四月十五日土曜日（日誌より）

お父さんといっしょに登校。うれしそうである。今日は発育測定。視力、身長、体重、座高を測定した。視力では○のどちらに穴があいているか指示をするのだが、昨年は測定するのが難しかった。今日は指で「こっち」「あっち」と示した。身長も二センチほど伸び、体重も増えている。中学生の時期は身体も成長するものだ。今、「マッチ売りの少女」の絵本が気に入り読んでいる。一字、一字、ひらがなや漢字にふりがなのある文を自分からどんどん読んでいる。しばらくは疲れると思うが、この十名のクラスに慣れて力を発揮できるように考えたい。

子どもの成長はとにかく感動する。何もかもが成長し始めている。漢字も「水・木・花・足」と地面に棒で書き出し、「男」という漢字を初めて書いた。何回も何回も「男」という字を書いて、ひさしぶりに三十分ぐらい地面に次から次へと字を書いていた。美術の時間は、みかちゃんの絵を描き、絵の表情もずいぶん豊かに変化してきていて、美術の先生がほめてくれた。帰りの学活の時間、少し余裕があったので、初めてカタカナを点線の上から書く練習をしたが、記憶しながら書いているようだった。

クラスが十名ということもあり、クラス全体に私が話をしたり注意したりすると、まみちゃんは私を指さして「せんせい、こわいよう」「せんせい、こわいよう」と言う。昨年は少人数なので注意することもあまりなかったのだが、今年は私もつい強い口調になっていることに気がついた。これからは気をつけなければと、ここでもまみちゃんに教わった。

登校してきて着替えをする間、横で待っている私が咳をすると「だいじょうぶ?」「だいじょうぶ?」とまみちゃんが心配そうに声をかけてくれた。体育で、サッカーボールを片足でけってみようとうながすと「うん、いいよ」と言うので、相手の子にパスをもらい、私が足で止めてまみちゃんに渡し、そのボールをまみちゃんが片足で一歩下がりながらけり返すというパスの練習をした。何度も何度もサッカーボールでパスの練習をしていたら、突然、相手の子からきたボールを自分の片足で止めたので驚いた。その後、私の手を片手で持ってけんけんを始めた。いつか、けんけんをやりたいと思っていたのだろう、何度も何度も繰り返して、とても満足そうだった。そのうち、私の手を持たなくてもできるようになる時が来るに違いない。

数学の授業で「1～20」の穴うめをしていく練習をすると、最初は理解できないようだったが、「1、2、3と書くのよ」と指示すると、次からはどんどん穴を数でうめていくことができるようになった。すると、突然、数日前に、机の上にボールペンでいっぱい書いた字が気になったらしく、「せんせい、けしたい」と自分から言い始めた。そこで、介助の方にクレンザーを持ってきてもらい、自分で机をきれいにしたあと、きちんと自分から手も洗いに行った。それもめずらしく石けんをつけて手をごしごし洗っていた。教室に戻ると、「今野先生」と視写で介助の方の名前を漢字で書き、「わたしは、太田麻実子です」と黒板に書いておいた文もスラスラと読み始め、言葉が単語ではなく会話文として出てくるようになってきた。画用紙に「太田麻実子」と、もう何も見ないで書いている。まみちゃんが、どこまでも、どこまでも伸びていく確信がつかめた。胸がいっぱいになった。

二年生になってからは精神的にも成長し、感情がとても豊かになってきた。これからはどんな言葉で何を表現してくれるのかほんとうに楽しみだ。めずらしく音楽の授業を、「いや」「やらないよう」と言って、気にしながらも参加しようとしない。去年の、進歩したり戻ったりしながら少しずつ前進してきた日々のことを思い出した。これからもそのことを忘れずに指導していかなければと感じる。まみちゃんは落ち着いた様子の時もあるが、この頃は感情の起伏が激しいようなので、なるべく一人になれる時間をとるように工夫することにした。「みかちゃん、みかちゃん」と言って、あいかわらず大好きなみかちゃんを頼っている。連絡帳に書く字が少し変になったら、「まっ、いいか」と言ったのには驚いた。毎日、毎日、心も何もかもどんどん成長していく。

四月二十日木曜日（日誌より）

通常学級の二年生の女子が、クラス全員に一人一人手紙を書いて渡してくれた。まみちゃん、うれしそう。今日は校医の先生が内科検診に来てくれる。男子を先に次に女子。まみちゃんはシャツを自分で脱いで自分の番を待っている。名前を呼ばれて椅子に座る。先生に「具合悪いところありますか？」と聞かれ、「だいじょうぶ」ときちんと答えていた。保健の先生もまみちゃんのしっかりした言葉に成長を感じられていた。無事検診も終わり、一人で教室に戻った。技術の時間、パソコンをやり、インターネットでうさぎやねこのホームページを見て喜んでいた。

生徒十名のクラスになり、教室の中は昨年の三人のクラスとはまるで別世界だ。騒がしいので生徒に注意する場面が増えている。その教師の声を聞いてまみちゃんは「こわい」「こわいよう」としきりに言う。昨年は教師が生徒を注意する場面もほとんどなく、意図的に大声で注意しないようにしてきたので、生徒を注意する声も言葉も、まみちゃんにとってはこわいと感じられるのだろう。私は教師が大声で指導する場面はないほうがいいと思っているが、どうしても急を要する場面が時々あり、つい大声を出してしまう。指導方法も気をつけていかなければと思っている。私は若い頃には、今思うと恥ずかしい限りの大声を張り上げて、いつもどなっていたように思う。

新年度が始まって二週間が過ぎた。少しずつ慣れてきたとはいえ、まだまだ一年生も二年生も、今までの環境に比べるとあまりに大きな変化なので緊張し疲れている。まみちゃんは、作業室で自分の持っていた画用紙（ハガキ大の画用紙）に、一時間中ずうっと自分の名前を何百回も書いていた。しかも書くことに自信がついているのだろう、すごいスピードで書き続けている。クラスのみんながマラソンに行くというので、「行こう」と誘っても「いいよ、いいよ」と言って、あいかわらず自分の名前を書き続ける。

美術の時間、絵を描くはずだったのだが、疲れたのか、ぼやっとして座っている。終了間際に絵の具を使い、急に絵を描き出したが、どうもいつもの様子ではない。突然、絵の具の水入れを投げてパニックを起こし始めた。しかし、昨年のパニックとは違い、顔が笑っている。周囲の様子を見ながらのパニックだ。「みかちゃん、みかちゃん」と言って、まみちゃんは昇降口の方へ走り出し、床に座り込んでしまった。「みかちゃん、みかちゃん」と言い続け、どうやらみかちゃんを呼んできてほしいらしい。そこへみかちゃんが来てくれ、給食に行こうとうながすと、さっと立ち上がって移動し始めた。気持ちを落ち着けるために、給食は、まみちゃんとみかちゃんと私の三人だけで作業室で食べることにした。まだまだ、まみちゃんは一年生に近づく様子がない。そこで、一年生と少し離れて、少人数での授業を多く行うことにしたら、精神的にも落ち着いて授業を受けるようになってきた。「I組」も生徒が増え、いろんな場面でまみちゃんにも試練がある。ここをどう乗り越えて成長していくのだろうかと期待している。

あいかわらずまみちゃんは、準備体操もせず、マラソンにも行かず、一年生がやっている体操をじいっと見ているだけだ。体育館でバスケットをすると、その時は来て参加し、スポンジボールで一年生の男子とパスをしていた。一年生の男子と関わるのは初めてのことだ。二人でパス、キャッチ、と楽しそうに取り組んでいた。いい変化だと思う。体育が終わったあと、数学、国語と授業が続く、この授業を受けるグループは三人で、介助が一人付くことになっている。まみちゃんは数学の20までの穴うめ問題に数字を書き込み、その後は自分の名前や「わたしは、水をのみました」と視写で書いていたが、他の二人が気になるのかまみちゃんの気持ちが落ち着かない。私も、昨年と同じペースでまみちゃんを指導できず、私自身も指導の壁にぶつかってしまった。少し授業形態を変えたほうがよいのだろう。下校近くになると、疲れがたまってくるようで、去年とは違う様子だがパニックを起こす。なかなか落ち着いて一日を送ることができない。環境が変わるということはこんなにも影響が出るものなのだと改めて思った。学習においては確かに積み重ねができていて、はっきりした言葉で自分の意思を伝えることもあるが、今、まみちゃんはスランプに陥っているのだろう。人は成長する時に必ずそういう時期があると聞いている。ここを乗り越えると大きな変化が表れるのかもしれない。そうあってほしいと願っている。

四月二十六日水曜日（日誌より）

朝はニコニコ顔で登校。今朝もうれしそう。着替えが終わり教室へ。今日から、二つのグループに分かれて朝の学活を行うことにした。少し落ち着いた教室になる。一、二時間目は音楽の授業、どうするか見ていたが、合奏の準備に入っても椅子から立ち上がらず座ったまま。何やら様子を見ている。二時間目も椅子から立ち上がらない。まみちゃんは鉄琴なのだがやらないと言う。大好きな音楽なのに、クラスの人数が増えたので、どう動いていいのかわからないのだろう。あせらず、やり出す日を待とう。三時間目の習字は書き出し、みんなにほめられてうれしそう。三枚ほど書いた。四時間目は数学でミニトマトを一、二、三、四と数えて大喜び。

ここ一週間は教室に行こうとせず、作業室で勉強することが多い。カントリー・ロードをうたう時は、大きな口を開けて自信満々にうたっている。何度も何度もうたっている。この四月は、行動が止まってしまったように見える。少しずつ前のように前進してほしいと願っているが、あせらないこと、無理をしないこと、待つことを忘れずにいきたい。教育は我が子でも時間がかかる。成長する時には一気に成長するわけではない、時期がある。わかっているがつらい。

家庭科の時間、子どもの誕生についての話をしたら、真剣な目で聞いていた。体育の時間に、バスケットボールを持って両手を使ったドリブルをした。座ったままだが、バスケットボールを持ってボールをドリブルしたのは初めてのことだ。体育館から教室に戻るのを嫌がって逃げまわり、去年の四月を思い出す場面もあったが、成長が逆戻りしているわけではない。笑いながら自分で行動しようとしないので、神谷先生がまみちゃんを立たせて移動させることになった。こういうことは半年ぶりのような気がする。みかちゃんもまみちゃんの手を取って体育館から「教室に行こう」とうながしたが、座り込んでいたまみちゃんの指を強く引っ張ってしまったので、親指が赤くなった。「いたい、いたい」と言うので、湿布をして様子を見たが、給食も全部食べたのでひとまず安心した。

下校時に、手を合わせて「せんせいごめん」「せんせいごめん」「なかないで」と繰り返し繰り返し何度も私に言い続ける。指が痛いので迷惑をかけたり、自分が思うように行動していないことを気にしているようだ。なんでも理解しているのだが、気持ちが動かないのだろう。こんな時も感情的にならず、まみちゃんが自分から動き出す日をゆっくり待とう。

とにかく朝は機嫌がいい。手をあげて「おはよう」と挨拶をし、「ニャーニャー」と長い時間ネコの物まねをしながら、着替えをしていた。時々「せんせい、きて」と呼ぶので行ってみるが、特に何があるというわけでもない。音楽の授業が終わってから私のところへ来て、「そらは……」と突然校歌をうたい始めた。校歌はまだ教えていないので、音楽の先生に「今日授業でやりましたか?」と聞くと「はい」という答えで納得した。さっそく校歌をうたってくれ、「どう? すごい?」という口ぐせの言葉が出る。「すごいねえ、すごい」とほめると何度もうれしそうにうたってくれた。学んだことを理解し、記憶し、すぐにうたい始める。こんなにも音楽が好きなのに、一年生が入学してからはやろうとしない。そんなことはないと思うのだが、まるで成長が止まったように見える。行動面には成長が表れていないように見えるが、学習面の字や数字は確実に積み重ねられているので、今はやはり様子を見ることにしよう。甘えているふうでも、何か考えているふうでもある。こんなスランプ状態だからこそ、ゆっくり待つことにしよう。

まみちゃん自身も少しずつ自分で心のコントロールをしているのだろう。時々、以前のような緊張感のとれた晴れやかな笑顔を見せてくれるようになってきた。あせってはいけない。つい、こういう時、あせって強い口調になったり、無理にやらせようとしてしまうが、成長する時期を待てないのでは本物の教育はできないと実感する。あせらず、無理をせず、いつもゆとりある心でいたいとつくづく思う。明日から、大型連休が始まる。

五月

五月一日月曜日（日誌より）

芸能鑑賞教室ということで、着替えをしないで学活をする。まみちゃんは、今日は何か違うなと感じていたら案の定、「きりつ、れい」と三月以来初めてみんなの前で号令をかけた。落ち着いて座り、先生の話を聞いている。九時十分、体育館へ椅子を持って入場。体育館は暗幕で暗く、舞台のセットを見て私に「こわい？　こわくない？」としきりに聞いてくる。「大丈夫よ、こわくないよ」と言うと「あたまがあつい、おかあさんにでんわ」とはっきり話した。びっくりした。「じゃあ家に帰る？」「かえらない」と言いながら、三十分くらい劇を見ていたが、あまり見る様子もないので、教室へ戻り、漢字の学習を始めた。「目、足、口、手、木、水、雨」など次から次へと手のひらに書いて練習。それから「かさじぞう」の絵本を読み始め、大きな声ではっきり一字一字読んでいた。その後、数学1～30まで読み、何か輝いている様子。新学期が始まって以来、ひさしぶりに本来のまみちゃんの姿が戻ってきたようだ。昼休みは、これもひさしぶりに阿波踊りを二十分ぐらい踊り続け、明るいまみちゃんそのものの姿だ。帰りは自分から立ち上がって教室の電気を消し、さっさと玄関へ歩いていき、ドアの段差も初めて一人で降りて帰る準備をした。「すごいねえ、まみちゃんすごい」とほめたら、自分でも手をたたいて大喜び。何か明らかに変化を感じた。

「I組」では、農業が大好きな今井先生の指導のもと、本格的な畑作りを始めることにした。今までの畑に加え、プールの横にも新しい畑を作ることとなり、今井先生がなんと自宅から耕運機を持ってきての作業開始となった。どんな野菜ができるか楽しみだ。今年はその野菜を生徒にいっぱい食べてもらおう。生徒たちもみんなはりきってがんばっていて楽しそうだ。クラスがひとつになってきている。畑作りの間、まみちゃんは「そと、いかない」と言うので、教室で勉強をしていた。「学校」という漢字を突然書き始めた。宿題で何度か出したのだが、授業では指導していなかったので、まさか「学校」と書くとは思ってもいなかった。次に「月」という字を書いて「つき」と読んだ。給食の時間には、突然校歌を「そらはあかるい」とはっきりした発音でうたい出し、リズムも合っていて、驚くことが多い日だ。

その後、疲れたのかすごいパニックを起こし、物を投げ、床にゴロゴロしていた。帰りの準備に入り、時間に少しゆとりができたので「まみちゃんナプキンのアイロンかけをしてくれるかな?」と言うと、「うん、いいよ」とパニックがおさまったばかりなのに気分が変わり、十枚ほどアイロンをかけてくれた。とにかく、ていねいにアイロンかけをしてくれるので、これはまみちゃんの係になりそうだ。会話の言葉もはっきりし、自分の意思もきちんと伝えられるようになってきたので、まみちゃんと話すのがとても楽しい。介助の今野さんも「まみちゃんといるとほっとします」と言っておられた。まったくそのとおりだ。これもまみちゃんの魅力だろう。

下校の時刻になっても、迎えのタクシーがなかなか来ない。「先生の車で帰ろう」と言うと「いいの？」「いいわよ」と走って私の車のところへ来たのでいっしょに下校することにした。タクシーが来ない時はこうしてまみちゃんのお母さんにもお会いでき、いろいろなお話ができるのでありがたい。タクシーが来なくても、それはそれで、むしろラッキーだなあと思ったりもする。しばらくお母さんと本の話などしていると、まみちゃんは私の手をにぎってずっと側で大人しく聞いていた。教師と親の会話というのは、まみちゃんにも必要なのかもしれない。「人と人が会話によってお互いの理解を深める」ということ。これは子どもたちにも大切な教えなのだろう。私たちが話している間、まみちゃんは黙って静かに待っていた。

連休明け。玄関からまみちゃんが、私を見て、廊下を走ってきた。うれしそうだ。そのままの勢いで、みかちゃんといっしょに走って更衣室に入り、さっそく着替え始めた。「せんせい、おかあさん、つめ」と言って、自分の手を見せて、爪を切ったことを説明し、私の手を見て「せんせい、きりなさい」とまみちゃんに注意されてしまった。「ハッピーロード、カラオケ」と言って、家族でカラオケに行ってハッピーロードをうたったことも伝えてくれた。これからもいろんな気持ちを伝えてくれるようになり、作文や詩も書けるようになったらどんな心を表現してくれるのか楽しみだ。

休みが多かったのでクラスのみんなも生活のリズムがなかなかとれないようだ。「I組」もゆっくりゆっくりとやることにし、みんなで畑作りの作業をした。しかし、まみちゃんはまだ畑に出て土をさわることには、自分から興味を示さないので、チャンスを待つことにした。下校時間になると、まわりの友達が帰る準備をするのを、先輩らしく静かに待ち、ほとんど手を貸すこともなく、登校から下校まで全部自分で行動した。しかも、下校時に、椅子に座らずに、初めて立ったままくつをはいていた。あんまり驚いたのでご両親にお伝えすると、お父さんもお母さんも、立ったままくつをはくまみちゃんの姿を見たことがないとおっしゃっていた。日々の成長は続いているんだなあと実感した。

朝の着替えをしながら、お母さんからの連絡帳や宿題を私に出してくれた。それから作業室に行き、カントリー・ロードをうたって、自分でテープに吹き込み、それを何度も何度も聴いていた。テープのラベルに書かれた「カントリー・ロード」というカタカナに初めて興味を示し、一字一字の読み方を質問してきた。一枚、二枚と紙を数えて、数と物との対応も理解し始めているようだった。給食も全部食べ、しばらく係の仕事をしていたが、お腹が痛いといってトイレに行った。しかし、やはり痛いようで、どうやらお父さんに電話して車で迎えに来てほしいようだ。まだ下校時間ではなかったが、家まで送ることにした。自宅に着き、玄関でお兄さんにやさしく迎えられると、安心したようで、また学校へ戻ることになった。体も成長期に入り、いろんな症状が出てくるのだろう。

五月九日火曜日（日誌より）

まみちゃんは疲れのためお休み。仕事帰り、届けるプリントがあって、まみちゃんに会う。家で見るまみちゃんは、ほんとうに落ち着いていて成長を感じた。

春の遠足

「まみちゃんの参加する行事で雨が降ったことはありません」とお母さんが言っておられたが、遠足当日の予報はなんと七〇％雨。七時現在、曇り。雨が降りそうだがとりあえず決行することにした。ところが、八時三十分に教室に集合したところ、なんと空の一部から光が見えてきた。こんなこともあるんだなあと不思議な気持ちだ。まみちゃんは足どりも軽くバス停に向かい、いよいよ出発。運良く、全員座席に座ることができ、バスの中でも、まみちゃんは「足」という字を手のひらに書いて見せてくれた。

昭和記念公園に到着し、約一キロの距離を歩いてから、まみちゃんは他の生徒と離れて私とパークトレインに乗りこんだ。他の生徒はさらにもう一キロ歩き、子どもの森でみんなと合流する予定で、私とまみちゃんはみんなより一足先に到着することになる。そのパークトレインに外国の子どもたちが五十名ほど乗ってきて、いっしょに子どもの森まで行くことになった。外国の子どもたちが英語で話しているのを、まみちゃんはじいっと見つめ、突然、指で示しながら「ワン、ツー、スリー、フォー、ファイブ」と英語で言い出した。私は初めて聞いたので「まみちゃん、いつ覚えたの?」と質問したのだがそれにはまったく答えてくれず、何度も「ワン、ツー、スリー」と言って集中して英語の練習をし始めた。そのうち、6～10までの数字を英語で教えてくれといって、まみちゃんはもう夢中になって、子どもの森へ着くまでずうっと、「ワン、ツー、スリー」と練習し続けた。「ひらがな、漢字、絵本読み、英語」といつ何をやり出すかわからないが、ほんとうに突然理解し始めようとする。

午前十一時前、クラスの仲間とアスレチック広場で合流した。「みかちゃん」「まみちゃん」とお互いに抱き合って大喜び。しばらく抱き合って、みかちゃんはアスレチックへ行き、まみちゃんはベンチに座り、また英語をやり出した。まみちゃんはとにかく何かひとつのことに興味を持つと自分で完全に納得するまで何十回も何百回も同じことを書いたり、言ったりして覚えていく。この集中力は類を見ない。「ワン、ツー、スリー」と言っていたかと思うと、他の英語を教えてほしいと言ってきたようだったので、「マイ　ネイム　イズ　マミコ」と言ったら、今度はその英語をいっしょうけんめいに練習し始めた。

明日は土、日と休みが続くが、月曜日からがまた楽しみだ。何か新しい知識が入る時にはかなり疲れるようで、物を投げたりもするが、この物を投げることにより、次に、どう変化していくかも、私にとって指導の大切な指標になっている。

六月三十日に行われるバスケットボール大会（多摩地区障害者研究会主催）に向けて練習を開始することにした。まみちゃんは着替えに時間がかかり、遅れて体育館へ来た。ボールを持つことに抵抗がなくなってきたようで、小さい柔らかいボールを持ってパスをするようになり、その後、ボールをころがしてボウリングのピンに当てる練習を続けた。国語の授業で、ボールというカタカナを教えてもいないのに突然読み、自分の名前をずっと書いていた。他にも書ける字はたくさんあるのだが、自分の名前だけを何百回も書いていた。数学の授業では、いつもプリントの問題を私が読むのだが、初めて自分から問題を読み始めた。連絡帳にお母さんから「家でも少しの指示で行動するようになり、すごく成長してきています」とあり、私もうれしい。今までできなかったことが、ひとつひとつできるようになり、着実に積み重なってきている。学習教材も、まみちゃんの中で「今日はこれ」と決めて選んでやっているように思える。

グループごとの学習授業をしていると、一人の生徒がプリントを破ってしまった。そのことを介助の先生が注意していたのだが、まったく聞き入れる様子がない。何気なく側にいたまみちゃんに「まみちゃん、今注意しても無理だよね」と私が言ったら「むりだよ、むり、むり」と思いがけない言葉が返ってきたので驚いてしまった。

ひさしぶりに音楽の授業があったが、まみちゃんはあいかわらず、教室の隅で椅子に座り、まわりの様子を見ている。合奏の準備に入ったので、みんなといっしょに合奏に参加してほしいと思っていたが「やらない」と言う。それから、自分でラジカセを持って隣の教室へ行き、テープをかけて自分の音楽の世界に入ってしまった。去年は楽器を弾いて上手になっていたのだが、クラス十名になったとたん、音楽の授業に加わらなくなった。大好きなのに、まだまだ様子を見ている。体育の授業でも外に行かない。まるで逆戻りしたように、みんなといっしょに授業に参加しない。しかし、国語で「めだまやき」と書くプリントを渡すと、名前を漢字で書き、きちんと枠の中に入れてふりがなも書いた。それ以外は、テープを次から次へと変えて、いろんな曲を聴いている。今まではカントリー・ロード（ハッピーロード）の歌をうたってから次の課題へ入っていたのだが、新しい曲に夢中で、まったく聴こうともしない。「ちびまる子ちゃん」の曲が気に入って、ずうっと振りをつけながらうたっている。何かまみちゃんの中で知識の面での大きな変化が起きているのだろう。そのテープをカセットから取り出して、家に持ち帰ってしまった。

きっとお父さん、お母さんにも聴かせたいのだろう。

五月十七日水曜日（日誌より）

給食で出たフランクフルトが、小さく切ったにもかかわらず、まみちゃんの喉につまった。一時苦しくなったが、自分でせきをして流れをよくしようとコントロールする力も出て、牛乳を少しずつ飲んで落ち着いた。まだまだ食事には注意が必要だと感じる。

クラス十名いると、個性もいろいろである。まみちゃん一人だけではないので、それ以外の生徒の指導も考えながら、一人一人をどのように伸ばしていけばよいのだろうかと考える。教育のことを考えると、悩みもいっぱいある。とにかく悪いところをしかるより、ほめて長所を伸ばす指導をしていこうと話し合った。

まみちゃんは学習意欲も集中力も記憶力も理解力もかなり成長しているが、十名のみんなと授業に参加していくことを、この四月からやろうとしない。みんなと同じに授業に参加させないのは、甘やかしやわがままだと思われるかもしれない。しかし、まみちゃんなりに、ひとつひとつ確信しながら成長しているようで、今まで横目で見ているだけだった音楽の授業で歌が始まると、いっしょにうたうようにになってきた。ほんとうはすごく音楽の授業が好きなのに、人数が増えたので、そこに自分が入っていけるかどうかを見ていたのだろう。まみちゃんは自分の中でいろんな考えを持っているので、一見わがままのように見えるかもしれないが、実はそうではなく、自分でできる時期やチャンスを調整しているのだ。あせらせたり、他の子どもと比較したりすることは、まったく無意味なことで、逆に子どもの成長する芽をつみ取ってしまう。どんなに遅くても確実にひとつひとつ積み重なっていくことが一番だと思う。あせらせるのは絶対だめだ。あせらせてやる気を失うことも考えておかなければ、花も咲かないで散ってしまうことになる。今こそ、あせらないで、待つ指導を心がけようとつくづく思う。今にきっとみんなと同じにやり出す時が来ると信じている。まみちゃんのやりたいことをやらせているが、まみちゃんの場合はその中から知識を学習しているのだ。

五月二十二日月曜日（日誌より）

今日は自分からマラソンに行こうと言って、八〇〇メートル力強い足で歩き出した。十名のクラスの仲間の様子がわかってきたらしく、少しずつ自分からやり出し始めている。美術も紙粘土を二時間途中であきることもなくやり通した。その後、まわりがうるさいと言って、給食の時、しばらく耳をふさいでいたが、パンもよく食べ、牛乳もよく飲んでいた。帰りは自分から着替えると言って、ほとんど全部自分でやる。すんなりと下校し、タクシーを待っている間、手のひらに「花、足、耳」という字を書いていた。いつも一年生の男子の和くんが見送ってくれる。

まみちゃんは、少しずつクラスの男子の名前も覚えて呼ぶようになり、クラスの一人一人の性格もわかってきたようで、ようやく自分から朝のマラソンにも参加するようになってきた。まみちゃんは、まみちゃんの速度で、自分から積極的にやり始めたのだろう。プリント類や連絡帳を書くことなど、手を出すことができないほど、ほとんど全部自分でやってしまった。みんなと同じようにやりたくて、やれることをひとつひとつ自分で証明しているかのようだ。これからは自分の意思をもっとはっきり出してくるはずだ。これがほんとうに成長していくということだろう。とにかくまみちゃんの意思を尊重し、まみちゃんに合わせて学習や行動の指導をしていかなければと感じる。

五月二十三日火曜日（日誌より）

体育の授業では、体育館へ来て座っていたが、みんなの様子を見ているだけだった。その間に手のひらに「月」と書いて「げつようび」と言って、曜日の意識が出てきた。「げつようび」「かようび」と言い始め、一日中、「月」と手のひらに書いて覚えていた。畑のトマトの成長を記録するために、外へ出て葉っぱの絵を描いた。まみちゃんは、みんなより早めに教室へ戻る。玄関の前で座り込み、少し疲れた様子。興奮していたが、みかちゃんが来て「まみちゃん、疲れたんだねえ」「うん」と言うと立ち上がり教室へ戻る。着替えが終わって教室へ行き、学活が始まる直前に机と椅子を倒してパニックになった。

早めに玄関へ行き、ゆっくりタクシーを待つ。待っている間「つくえ、ポンして、ごめんね」と謝っていた。自分の行動を認識している。私は物を投げたりしてもめったに怒ることはしない。少し落ち着いた時に、いけないことだと説明する。自分から謝ることができて、よかった。

五月二十五日木曜日（日誌より）

調理実習でおにぎりを作り、目玉焼きを作ってみんなで食べた。「おいしい、おいしい」と言っていた。下校の時間に、まみちゃんが、おにごっこをしたいと、みかちゃんに要求していたが、みかちゃんが連絡帳を書いていたので、まみちゃんは不安になり、近くにあったサランラップを手にとり、ギュッとにぎりしめて興奮した。その時、指が切れたらしい。少し血が出ている。その指を見ようとしても、力を入れていて見ることができない。お母さんに連絡して、神谷先生といっしょにまみちゃんを連れて自宅へ車で向かった。待っていてくださったお母さんと、すぐに病院に行き、診てもらったら、血の跡だったようだ。傷は浅く、少しだったので、とりあえず帰ってきた。ひさしぶりに興奮している時間が長かった。この十名のクラスに慣れて、自分のペースがつかめるまで、また、パニックが起きるかもしれない。

長時間のパニックだったので、どのように影響するかと思っていたら、このパニックの後、まみちゃんはまったく嘘のようにクラスに馴染んできた。元気にラジオ体操を三回もし、他の人に注意までするようになった。四月からまみちゃんは一日中クラス全員がいる教室で過ごしたことはなかったのだが、一日中みんなと過ごすようになり、自分のペースをつかもうとしていた。みんなの遊ぶ様子を目で追ってニコニコして見ている。だんだん男の子にも近づいていき、少しずつ以前のまみちゃんに戻ってきたようだ。緊張感がほぐれ、クラスの中に自然にとけ込んできているような気がする。クラスの中での、自分のやり方を見つけてきたのだろう。

まみちゃんの十四歳の誕生日。クラスのみんなもハッピバースデーとうたって祝う。友達のみかちゃんからプレゼントをもらい、大喜びだ。そこへ通常学級のみっちゃんからも手作りクッキーのプレゼントがきた。ありがたい。「じゅうよんさい」と何度か発音の練習をして言えるようになった。

国語の時間、小さな黒板に漢字を書いて練習していた。この黒板は、書いては消せる小さな黒板で、気に入っていつも手に持って移動している。「足」という漢字が好きで、「足、花、水、空、上、下」と次から次へと練習し、止まらないようだ。その黒板に、突然「ＨＳＮ」と書き出した。

何も見ているわけではない。英語の時間に頭の中に入っていたスペルだろう。書いては消し、書いては消しと何度も練習する。誕生日だからというわけではないと思うが、数字も「14、16、18」と書いて、一日中学習意欲を燃やしていた。その日から家庭訪問で通常より早い下校時間だったが、そのことには、そんなに抵抗もないらしい。意外とすんなり帰っていった。帰る時、神谷先生に追いかけられて走って玄関へ行った。追いかけられることも楽しいようで、すごいスピードで走って逃げる。

六月

家庭訪問期間中。少し涼しいので、みんなも過ごしやすそうにしている。音楽の授業で、まみちゃんが三月以来初めて楽器にふれ、鉄琴をやり出した。いつやるのか、いつやるのかと待っていたが、やっと大好きな音楽にしっかり取り組み始めるようになった。やり始めると、すごい集中力で練習する。今年の合唱コンクールは人数も多く、楽器も増えたので楽しみだ。休み時間に、教室で男子がふざけてプロレスごっこをしていると、けんかをしているように見えるのだろう。「やめて、やめて」「やめて、やめて」と言い続け、争いが大きらいなまみちゃんは涙をポロポロ流していた。連絡帳に「トイレも宿題も家に帰ってからは自分でスムーズにやっています」とお母さんが書かれていたので、家でも少しずつ、自分の力でやれることはやり出しているようだ。一歩、一歩でいい。成長してくれる生徒を見ていると、教師になってよかったとつくづく感じる。

六月二日金曜日（日誌より）

まみちゃんが変化を見せ始めた。一時間目の音楽の時間、私は音楽室に入らないで廊下からみんなの姿を見ていたが、まみちゃんにしてはびっくりするほど大きな声で歌をうたっていた。二時間目の体育では、外に「いこう、いこう」と言って外へ出てみんなといっしょに行動しようとしている。みんなの輪の中に入って、堂々とラジオ体操をしている。そして、片足けんけんと両足ジャンプを私の手を持ちながら始めた。それも、みんなに遅れてではなく、いっしょにやろうとしている。いっしょうけんめいである。できなくてもいい。うまくなくてもいい。いっしょうけんめいやる時の目はキラキラ輝いている。

登校してから、なんとまみちゃんが十分で着替えて教室へ入ってきた。体育の授業も「やる、やる」と言ってくつをはいてグランドに出て、ラジオ体操を始めた。もうすっかりみんなの輪の中に入っている。それから柔軟体操をし、その後、私の手を持たずに一人で片足けんけんをした。ほんの二～三回、一瞬のことだったが、自分の力だけで、誰にも頼らず、片足でジャンプをしたのだ。初めてのことだと思う。他の生徒がスキップ、両足ジャンプを始めたら、今度はスキップのリズムで跳び始め、まだスキップにはなっていないが、スピードを出して挑戦している。みんなが困難なくできることでも、まみちゃんにとっては生まれて初めてのことがたくさんある。まみちゃんがいろいろなことができるようになってくるにつれ、だんだんまみちゃんに手を貸すことなどなくなりそうで、逆に寂しくなりそうだ。

これも初めて給食の牛乳を時間内に一本全部飲み終えた。時間をかければ一本飲めるとお母さんから聞いていたが、学校で時間内に全部飲んだのは初めてだ。国語の授業で「朝おきて学校へ行きます」と書き、「あさ」の漢字の読みだけ教えたらあとは読むことができた。漢字が入っていても何度か練習しただけで読めて書けるようになる。ひとつの字を集中して練習する努力はまねできないほどで、何度も何度もひたすら書いて練習する。こういう学習方法は、通常学級の生徒はなかなかできない。何も見ないで氏名を書けるようになってからは、何百回となく書き続け、今まで書けなかった十年分ぐらい、自分の氏名を書いているように思えてならない。まみちゃんは、一日一日が記念日になるほどの勢いで成長しているので、私の目にははっきりと映るのだが、他の生徒もみんな少しずつ成長している。

六月に入り、子どもたちも疲れが出る頃なので、「I組」でも子ども同士のもめごとが起きている。しかし、それも成長に必要なことなので見守りながらいこうと思う。みんなで遠足の時のビデオを見ていたら、いつの間にか、まみちゃんが自分の椅子から立ち上がって、みんなといっしょに座り込んで見ていた。ビデオに自分が出てくると、すごくうれしそうにキャーキャー騒ぎ、もうすっかり十名のクラスに慣れて、先輩として位置している様子だ。一年生の男子も「みこさん、みこさん」と甘えて、なんでもまみちゃんにやってもらおうとしている。下校時刻、私が疲れているのを敏感に察したらしく「せんせい、だいじょうぶ？」としきりに言ってくれ、ほんとうに思いやりのある子だ。もうすぐ宿泊学習があるので、今年も楽しみだ。子どもが喜んでいる姿が一番いい。

六月七日水曜日（日誌より）

一、二時間目の音楽の授業で、歌をうたってはいるが、まみちゃんはその場に座り込んでいて様子がおかしい。少し疲れているようだ。その後、合奏の練習で鉄琴を弾くが、いつもの集中力がない。しかし、みんなといっしょに練習を終え、三時間目の体育の授業を受けに、ラジカセとラジオ体操のテープを持って昇降口へ行った。疲れていても、やる気満々。三十度を超える暑さの中、いやがることもなくラジオ体操をし、マラソンをする。やり始めると途中でやめるということは絶対言わない。二周の八〇〇メートルを歩き終え、坂道を降りるところも、私の手を借りないで、一人で歩いてきた。

カレーの給食はみんながおかわりするので、今日は何も残らない。給食の終わり頃、まみちゃんが突然牛乳びんを投げ興奮する。朝から疲れた様子だったので気になっていたらやっぱり物を投げ出した。そこへみかちゃんが来て、「いいの、いいの、疲れたの、まみちゃん」とやさしくまみちゃんを抱いた。そうするといつもは落ち着いてくるのだが、今日は興奮がなかなか収まらない。昨年も六月から、字、数字を覚え始めたことを思い出すと、おそらくまた何かの成長にさしかかっているのかもしれない。

梅雨入り前で、とてもむし暑い。今年は今井先生が大きな冷蔵庫をもらってきてくださったので、冷たい水がいっぱい作れる。まみちゃんは体温調節機能が弱いので、少しずつ水分補給を怠らないように気をつけなければいけない。校長先生が「まみちゃん、おはよう」と声をかけられたら、「あっ、こうちょうせんせ、おはよう」と、大きな声ではっきりと発音して挨拶を返した。校長先生も、まわりに居合わせた先生方も、初めてまみちゃんの声をはっきり聞いたかのように驚いて立ち止まり「成長したね」と喜んでくださった。発音がはっきりとしてきたので、まわりで聞いている人にも言葉の意味をしっかり理解してもらえるようになってきた。

体育の時間は、まみちゃんがいつものようにラジカセを持っていき、曲をかけてラジオ体操をした。クラスの男子生徒が「まみちゃん、ラジオ体操、じょうず」と言ってほめていた。技術の授業は「やらない」と言って、一人で教室で絵を描いたり、字を書いたりして過ごしていたが、下校前に突然机を倒した。顔が笑っていたので、すぐに落ち着いたが、やっぱりまだ物を投げることがある。いつかまったく投げなくなる日が来ると信じたい。

みかちゃんの誕生日なので、手に花束のプレゼントを持ってタクシーからうれしそうに降りてきた。着替えも自分でさっさとすませ、教室へ来て、日直の号令をかけた。一時間目にハッピバースデーの歌に合わせて、みかちゃんにプレゼントを渡した。みかちゃんもうれしそうだが、渡しているまみちゃんのほうがもっとうれしそうだった。この二人の友情は深い深い愛で結ばれているようだ。

休み時間には、自分でちぎり捨てた紙くずを、ほうきを持ってきて、ひとつ残らず掃除をしてチリ箱に捨て、みんなの机を整とんし、開いたままの友達のカバンを全部締め、自分から次の美術の授業へと入っていった。二時間しっかり陶芸をやり、給食後は、さっさと歯みがきをして、昼休みに入る。ひさしぶりに給食のワゴンもかたづけて、みかちゃんと楽しそうに仕事をしていた。五時間目は「白雪姫」の絵本を読む。もう確実にひらがなは読めるようになった。「は」の使いわけと「き、さ」の区別が難しいようだが、大きな声でスラスラと読み、また一段と学習の成果を表し始めている。

先生方をからかったり、冗談をかわしたりして、会話も楽しんでいる。まみちゃんと同じように、一年生も少しずつ何かしら力をつけて、成長してくれることを祈りたい。あせらず、ゆっくり、その生徒に合わせた指導をしていくことが、ゆくゆくは自分からできる真の力になると信じている。今、この子が何に興味を持ち、何からでき、何から自信をつけられるのか、ひとつひとつ見逃さずやっていきたいと思う。自分から学びたいという力を出してあげられないと、歌のようにその時は覚え、できたように見えても、真の力はついていないと思うのだが。とにかく私には、今はこのやり方しかない。生徒にイライラしたり、口調が強くなったりするということは、自分が指導しているように、なぜできないの、やらないのという教える側の自信過剰以外の何ものでもないだろう。教える側の指導力というよりは、生徒の学習したいという意欲が出て、初めて教材が生かされていくのだろう。まだまだ、毎日が勉強である。

給食終了前、急に、介助の方が私を呼びにきた。行ってみると、まみちゃんがトレイごと給食を投げていた。まみちゃんは床に落ちている食べ物に手を合わせ「ごめんなさい、ごめんなさい」としきりに謝っている。それから「こんのせんせい、ごめんね、ごめんね」と手を合わせて今野先生にも謝っている。自分のとった行動に対して、すぐに冷静になることができるようになったのだろう。その後、自分で床をふいて掃除していた。まみちゃんが物を投げるということは、外部に何か原因があるのではなく、まみちゃん自身の体の中のコントロールをとるために、一瞬にして起こすことなのだと思う。去年は、物を投げて一度パニックになると、下校まで興奮が続いていたが、今は違う。先ほどの行動が嘘のように思えるほど、すぐに落ち着くようになってきた。

ひさしぶりに、まみちゃんがカントリー・ロード（ハッピーロード）を何回もうたっていた。自分でうたったカントリー・ロード（ハッピーロード）をテープに吹き込み、いっしょにうたって楽しんでいる。まみちゃんは次の段階の成長期に入っているようだ。いろんな曲に挑戦し、ダンスの振り付けもいろんなポーズが出てきてなかなか上手だ。

手のひらに「足」と「A、B、C」と書き、英語の授業も内容を少しずつ理解し始めている。漢字も難しい「歩、直、店」など、視写で練習しているが、何回も書いているうちに、筆順も覚え、正しい書き方になっていくのが不思議だ。視写ではなく書けるものも、ひらがな、漢字、数字、英語、と少しずつ広がりを見せ始め、とにかく学習したことに興味と関心を持ち、自分から練習することを要求してきたりする。勉強はきらいで、なんとか好きなことだけやろうとする生徒が多い中、自分から手のひらに書いて練習したり、プリントに練習したりして、こんな生徒はめったにいない。よくここまで努力してがんばってくれたものだ。下校時に「せんせい、かわいい」「せんせいきてね、せんせいきてね」と言いながら帰っていった。

六月十五日木曜日（日誌より）

二時間目の終わりに、技術でCDラックを作っていたら、ヤスリをかけ終えるところで、突然箱に入っていたドライバーを三本持ってグランドに走り出した。パニック状態である。興奮してドライバーをにぎりしめてはなさず、少し時間を置いてから取った。それから、いつものマラソンコースを「はしって、いいか?」と言って、すごいスピードで走り出し、三十分くらい興奮状態が続き、やっと走り終え、グランドに座り込んだ。「せんせい、ごめんね」と言って、私の背中にまわり、背中を撫でていた。こうなったら、みかちゃんを呼んできて、教室に戻るしかなく、みかちゃんが来ると、さっさと立って教室へ戻っていった。それからカントリー・ロードをうたい出し、何度も何度もカントリー・ロードをうたって、次に、曲を変えてダンスを始めた。今日はほんとうに興奮していた。真剣に何かやっていると思っていても、突然に物を投げて走り出したりする。ひとつひとつ、一日一日、落ち着いて見ていきたい。状況が悪いと、すべてが悪くなっているとけっして思わないように、大きく、良く成長する段階であることを忘れずにいきたい。

クラスのみんなといっしょに、まみちゃんが一日中笑ったり遊んだりする光景を見ていると、パニックを起こしたことが嘘のようだ。外国人講師の英語の授業を受けたが、二年目の先生なのでまみちゃんはすっかり慣れており、ワン、ツー、スリーからテンまで指を一本一本増やしながら、上手な発音で全部覚えていた。

国語の時間、まみちゃんが自分でページを開けて「火垂るの墓」をしばらく読んでいた。長すぎたらしく「せんせい、よんで」と言うので、私が「火垂るの墓」を読むことにした。終わりの頃の、節子が死ぬ場面でまみちゃんが大きな涙をポロポロ流し始めた。それを見て、私は胸がつまってしまい、自分の生徒が、こんなにやさしい心を持っていてくれると思うと、涙が止まらなくなってしまった。パニックの時のまみちゃんしか見ていない人にはわからない場面かもしれない。一人一人の生徒が、たとえ障害を持っていても、人を思いやるやさしい心を持って育っていってくれれば、これだけでも世の中の人をどれだけ救うことできるだろうか。今日のまみちゃんは何か違う人のように思えた。

公開授業

公開授業で、市内の中学校の父兄が「I組」の見学に来られた。一時間目は、美術の授業で陶芸をすることにした。最初のうちは、まみちゃんも粘土を手でたたいたりして作っていたのだが、大勢の見学者の前なので少しずつ落ち着きがなくなってきた。興奮するのではないかと思っていたら、やっぱり陶芸で使う棒を手に持ち、グランドに走っていってしまった。神谷先生に行ってもらい、落ち着いた様子で帰ってきたので安心した。

その日、その日の動きと、心の状態の違いによって、突然のパニック状態になることがまだまだある。あせらず、ゆっくり進まなければと思った。本人の意欲を起こさせること、これが一番大切なことだろう。無理にやらせてできることと、やりたいという気持ちからやり始めてできることは、同じできるようになるとしても、次の段階で違いが出てくる。無理は無理の結果が必ず表れてくるのだと思う。

すごい暑さの中、畑の草取り作業をすることにした。まみちゃんもみんなといっしょに外に出て草むしりをしたが、あんまり暑いので少し早めに教室に戻り休憩をとることにした。まみちゃんは、みかちゃんの言うことだけはよく聞き、甘える。みかちゃんは「つかれたんだね、大丈夫よ。つかれたんだね、大丈夫よ」とまみちゃんの気持ちを包み込むようにやさしく声をかける。どんな状態の時でもまみちゃんに声をかけながらそっと抱く。そうすると、まみちゃんの気持ちがすーっと落ち着いてくる。まみちゃんがコップを投げたりした時は、みかちゃんはことさらに反応して騒ぎ立てたりしないように静かにしている。子ども同士とはいえ、誰にもまねできないことだと感心する。能力の差はあっても、全員が一人一人を大切にして、同じ仲間として認め合い、助け合えるクラスを作っていけたら最高だ。もっともっとすばらしいクラスになると確信している。

朝の着替えの途中、一年生の女子が着替えのかごをまみちゃんにぶつけた。それを注意したら、その生徒がパニックになり、くつを投げたり、物を投げたりし始めた。まみちゃんはびっくりして、隣の教室に行き、泣き出した。まみちゃんが原因ではない。朝登校した時から、その生徒が機嫌が悪く、様子がよくないので注意して見ていたら、最後まで着替えで残っていたまみちゃんのかごに、自分のかごを押しつけてきたので注意した。そのことがきっかけとなり、大パニック。落ち着くまで待つこと二十分、とにかくまみちゃんはびっくりして涙、涙。クラスでめったにこんなことはないが、いろんな状況を、生徒それぞれが抱えていて、みんなが毎日調子がいいわけではない。いろんなことがこれからも起きるし、生徒もそれぞれの状況のなかで、見て、体験して、成長してほしいと願っている。

その後、まみちゃんの様子はしばらく元気がなかったものの、だんだんに落ち着いてきて技術のパソコンの授業も楽しそうにやっていた。四時間目の家庭科の作業をやめ、今日はゆっくり話をし、誰もが聞くという授業をやってみたら、朝のパニックはすっかり収まり、みんな七月の宿泊学習の話で盛り上がった。

まみちゃん自身も調子が悪い時には物を投げるが、今日の友達の行動を見て何か感じたらしく、「なげて、いけないよね」としきりに私に訴えていた。

学校に来るなりまみちゃんは「きがえないよ」と言い続けていた。みかちゃんの誘いでやっと着替え始めた。一、二時間目、音楽の授業で合奏の練習をした。鉄琴が大好きで演奏するが、どうやら鉄琴の音が好きなようだ。二時間びっしりと三曲ほど新曲を真剣に練習していた。六月で三曲とも全部覚えてほとんど一人で弾けるようになり、その後、習字にも気分よく取り組み、筆で漢字を書いていた。何も見ずに「花、足、水」などをすらすら書き、なかなか芸術的だ。「顔」や「雪」という難しい漢字も一度授業で教え、宿題を出すだけで、理解し覚えていく。体育の授業はバスケットばかりでもあきてしまうので、みんなで階段の昇り降りの練習をすることにした。まみちゃんも手すりをつかんで「どいて、どいて」と言って、一人で「ワン、ツー、スリー」と数えながら昇り降りの練習をした。まみちゃんがだんだん私の手を離れていくので、寂しい気持ちがしてくる。自立していくのを喜びながら、まだ手をかけたい気持ちもあったりして、おかしいものだ。

バスケットボール大会（多摩地区障害者研究会主催）

すごい暑さの体育館の中で、バスケット大会が開催された。去年、まみちゃんは、ラジオ体操と開会式・閉会式には参加したが、バスケットをやろうとはしなかった。学校の練習でも、両足でジャンプしてシュートの練習を始めたりしていたので、せめて今年は、コートに入って立っているだけでもよいので参加できればなあと思う。まみちゃんは気持ちだけは「やる」「やるよ」と言っていたが、いざコートに入れようとしたら、座り込んでしまった。それ以上無理をせず、また来年を楽しみにすることにした。大会が終わり、学校へ戻るタクシーの中で、すごく元気に話し「せんせい、がっこう、いこう」と言って大喜びだ。まみちゃんはやっぱり学校が好きなんだとつくづく思った。大会の成績はあまり良くなかったが、年々レベルが上がっていて、来年はもっともっと練習しなければ勝てないと感じた。しかし、試合に勝つことよりも、保護者の方々が全員応援に駆けつけてくださり、生徒に熱い気持ちを送ってくださったことがなによりだった。

バスケット大会の疲れが出たのか、その後、まみちゃんはしばらく風邪でお休み。もうすぐ、伊豆への宿泊学習があるので、みんな体調を整えていきたいものだ。伊豆方面は、台風、地震といろいろ心配だが、西伊豆の方は影響がないようだ。でも、大丈夫かなあと少々不安だが、とにかく全員元気に行きたいと思っている。

七月

七月三日木曜日（日誌より）

今日は技術の授業の木工にも行かないで作業室に座る。どうなるかと様子を見ていたら、水泳の時間には、人より早く水着に着替え、そのスピードのすごいこと。全部自分でさっさと着替えて準備。プールへ行く。プールでは、去年は入水を恐がっていたので、階段を使わないで、そうっと抱いて水に入れることにした。プールの隅に立って、歩こうとはしないが、大喜びしている。

少し歩かせてみるが、今年初めてのプールとあって、まだまだ慣れないようだ。無理はせず、今日はやめることにした。給食の時間に少し食べて、突然、給食をトレイごとひっくり返し、パニックになる。介助の方が「こんなにひどいのは一月から初めてです」というほどの興奮状態。神谷先生がしばらく抱いて落ち着かせたあと、教室の椅子に座った。

昨年のように興奮したら長時間続くこともなくなったが、忘れた頃に、またパニックが起きる。

台風の影響で雨。みんなで、来週の火曜日から行われる伊豆宿泊学習の話し合いをすることにした。まず、役割を決め、目標を決め、レクリエーションには何をするかを決める。みんなそれぞれ、好きな曲のテープやトランプを持っていくと言い、長い時間だったが、まみちゃんも集中して話を聞いていた。とにかく三日間元気に過ごして、楽しい思い出をいっぱい作りたいものだ。雨があがったのでマラソンをしたら、まみちゃんも歩いて参加した。いつもの地面に座り込み、「顔、目、手、花、足、水」と書いて漢字の練習をし、二十分ぐらい書いては消し、書いては消しと繰り返していた。教室に戻ると、コップを投げ、連絡帳を書き終わるとすかさず投げ、しらんぷりをする。しかし、パニックは起こさず、少し落ち着いて行動しているように見える。給食も「おいしい、おいしい」と言って食べていた。連絡帳に「ふとらないように注意しようと言ったことを気にして、家ではおやつにも手をつけず、食事も少ししか食べませんでした」と書かれていて、お母さんが言われた言葉を気にしているのではないかと心配されているようだった。給食を少し食べて投げた理由が理解できた。まみちゃんは自分でいろんなことをコントロールする力を持っているということにも気がついた。まみちゃんの能力にはまだまだ秘められたものがたくさんあるのだ。できる限り、いろんなことをいっしょに学んでいきたいと改めて感じる。

七月十日月曜日（日誌より）

午前十時頃、私の父が危篤という連絡が入った。まみちゃんに「先生、九州に帰らなければならないから、明日からの宿泊学習がんばってね」と言ったら「いいよ」と答えてくれた。まみちゃんが「だいじょうぶ？」とやさしく聞いてくれたので、私は「大丈夫よ」と言い残して、早退。

七月十一日火曜日（日誌より）

朝八時三分、父永眠。

その後、私は一週間ほど九州の実家へ留まった。こんな大事な時期に、長い間みなさんにご迷惑をおかけして、ほんとうに申し訳ない気持ちでいっぱいだ。ひさしぶりに出勤してきたら、まみちゃんが、タクシーから降りてきて少しびっくりした表情で「せんせい、いたの、せんせい、いたの」としきりに言って喜んでくれた。宿泊学習では、まみちゃんがなんでも自分で行動しようとがんばってやっていたが、みんなのスピードについていけない時はパニックを起こしていたと聞いた。宿泊学習のビデオを見ると、そのとおりで、やはり去年より自分で行動している場面がずっと多く、成長を感じた。

一学期・終業式

今日で一学期も終わる。終業式。朝から元気で、自分の出席確認の時に「はい、おはようございます」と、はっきり大きな声で応えた。体育館での終業式にも、自分でさっさと歩いて体育館へ行き、落ち着いて参加した。明日から夏休みに入る。

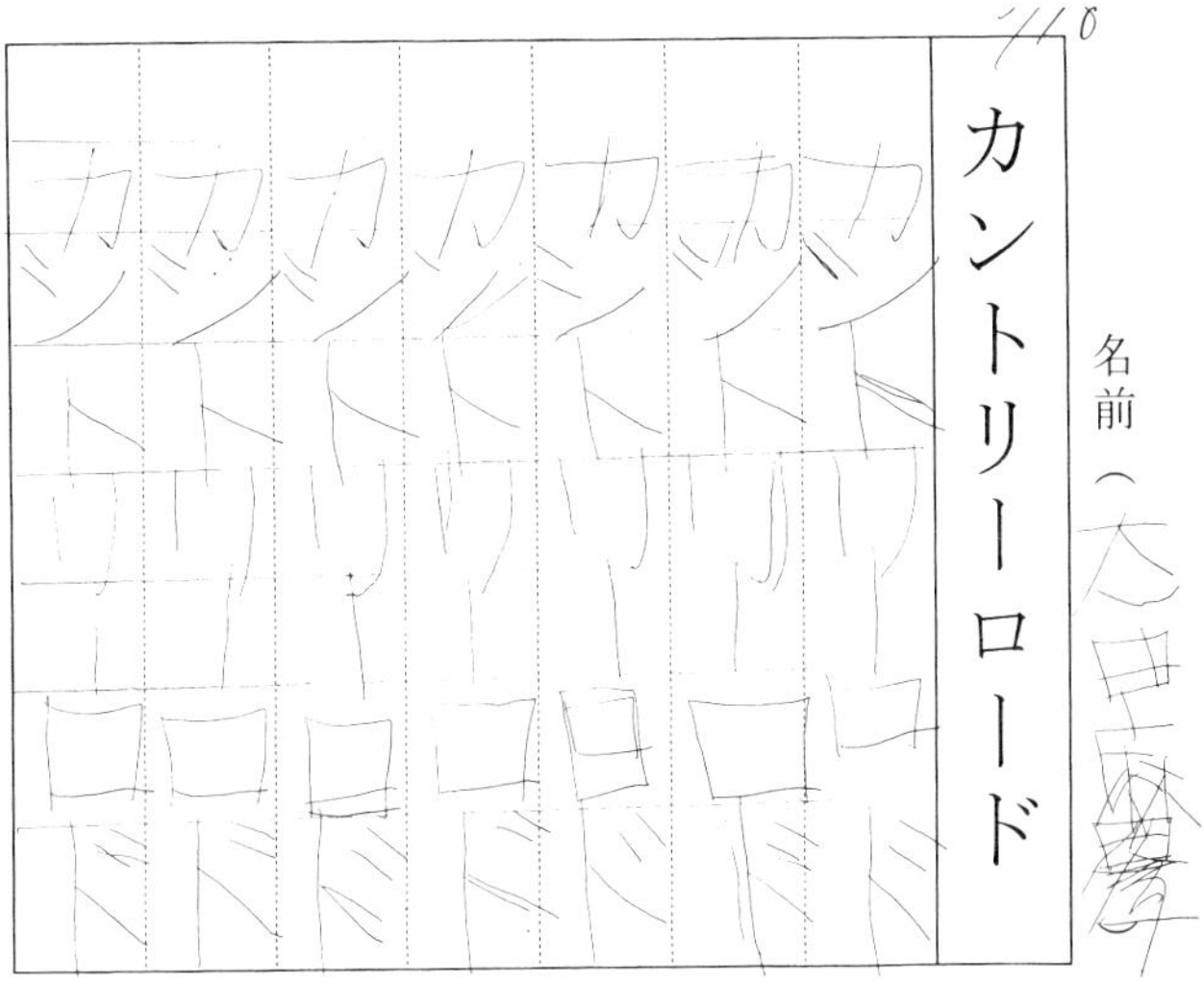

▲▼ 5月18日、カタカナを視写で書く

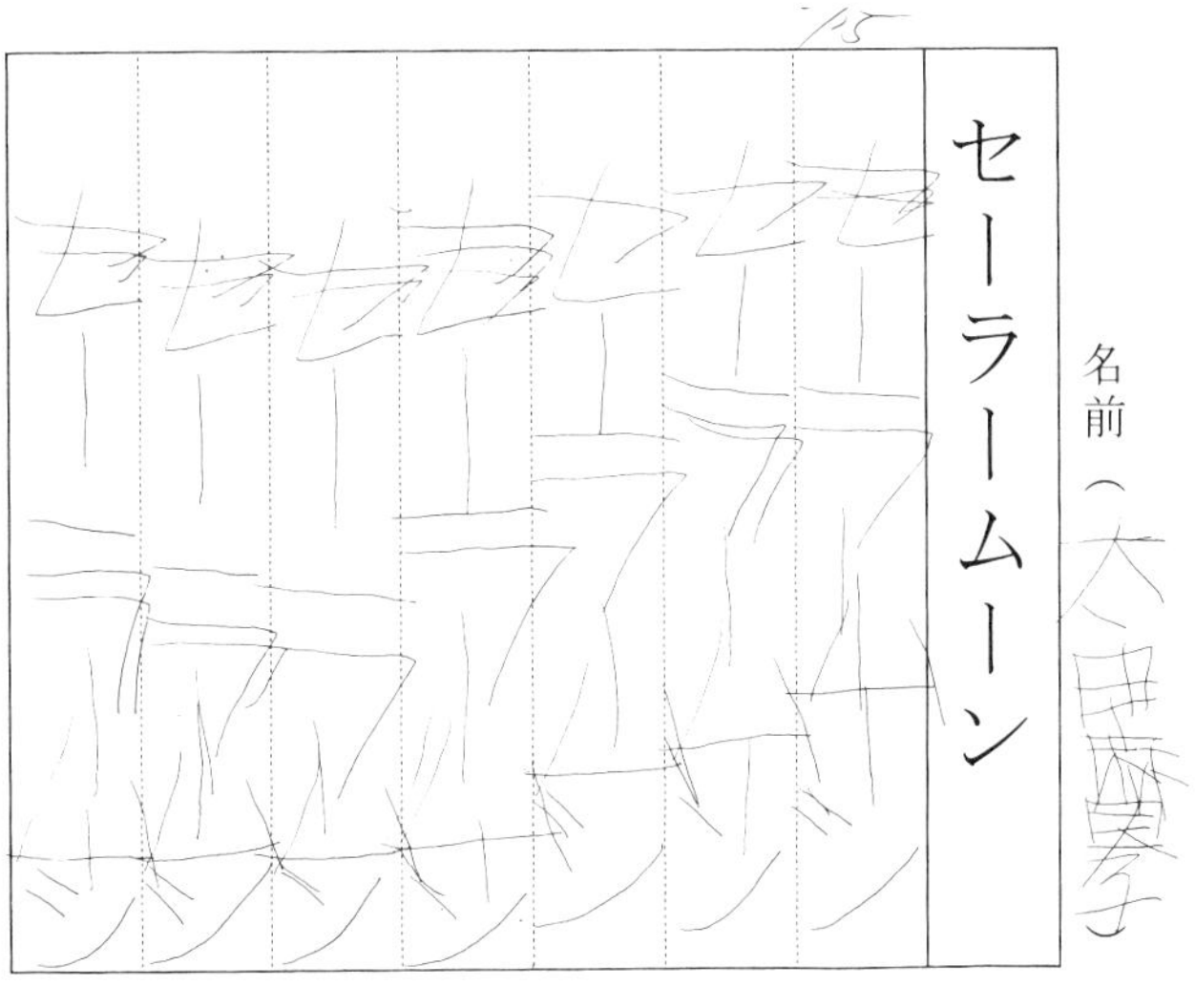

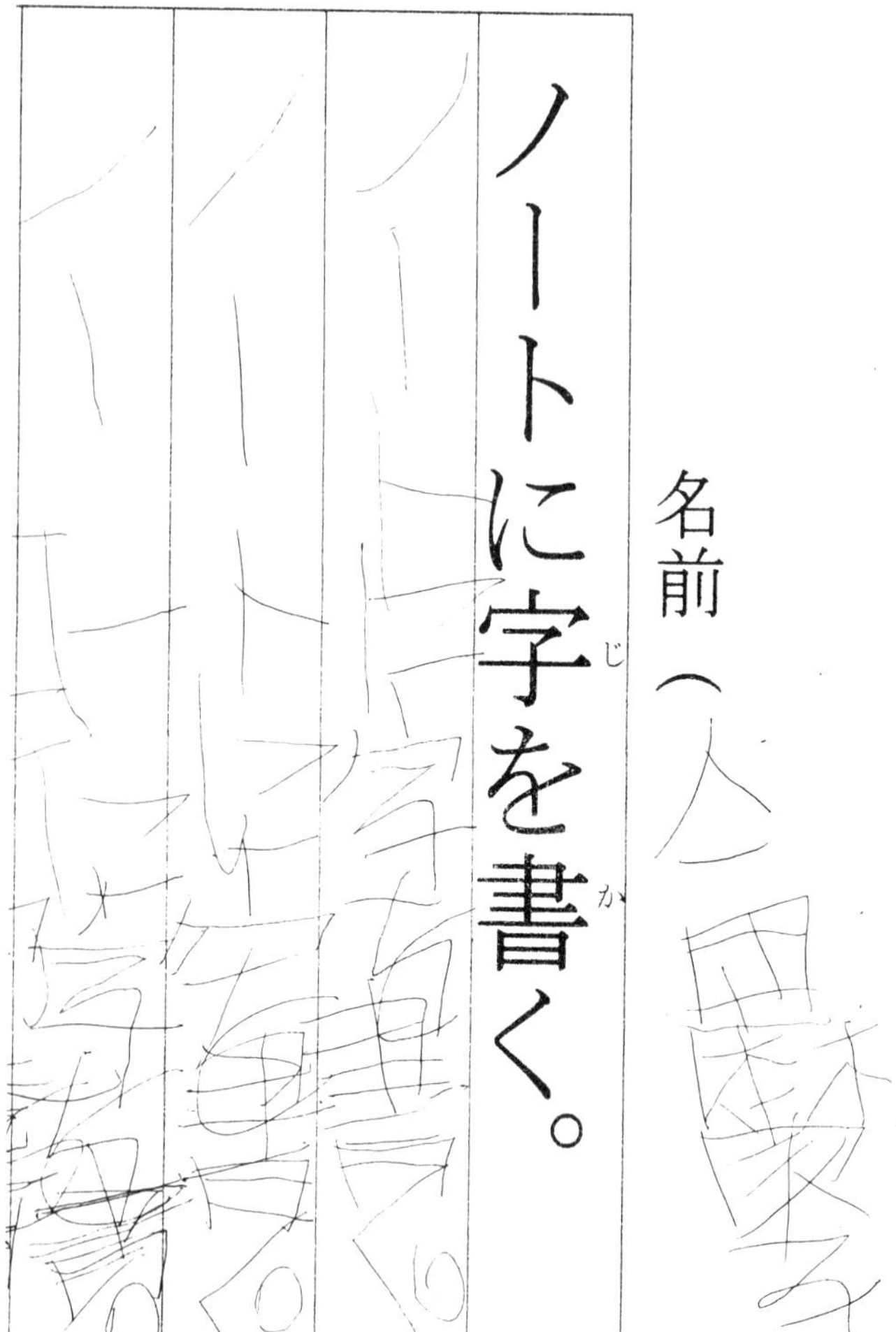
ノートに字《じ》を書《か》く。

名前（　）

初めて視写でなく、漢字で自分の名前を書く。▲

二〇〇〇年　夏

夏休みの水泳指導期間中、毎日、まみちゃんは「せんせい、いこう、せんせい、プールいこう」と言ってはりきっていました。プールサイドで体操をして、シャワーも恐がらずに浴び、プールに入ります。水はぬるい感じです。まみちゃんは水に入ると、プールの壁に立ったまま動きませんが、自分でプールサイドにつかまり、足を上げたりして楽しんでいます。途中からプールサイドに字を書き始め「あ、れ、し」とひらがなを書いては読み、次に「学」と書いて「がっこう」と言っていました。体はプールの中に入れたまま、プールサイドで字の練習です。この休みにも、ひとつひとつ字を書き、覚えて、読むことができるようになるのでしょう。他の生徒は呼吸練習をし、みんな真剣そのものです。

途中の休憩時間になっても、まみちゃんは水から出ないと言いましたが、体が冷えるので、一度プールサイドに上げました。後半も自分から水に入ると言うのですが、まだ一人では危険です。片足ずつ上げたり下げたりと、少しずつ水に慣れてきているようでした。夏休みの水泳指導期間中に、自分でゆっくりゆっくり五メートルくらいの距離を歩いて楽しむようになりました。

まみちゃんは肌が敏感なので日焼け止めクリームを塗り忘れると、すぐに肩がまっ赤になってしまいます。皮膚が弱く、昨年の体育大会で足のももが日焼けしてやけどのようになったことを思い出します。皮膚の弱い子どもにはそれなりにしっかりと手当てをしなければ、この紫外線ではたまりません。日焼けに強い私でさえ、この日射しにはさすがに身体中がヒリヒリします。今年のこの暑さは異常と言えるほどです。

ほんとうにあっという間に一学期が終わってしまいました。今年の「I組」は四月から十名の大人数で出発しました。活気があり、みんなやさしく、思いやりのある生徒たちばかりです。

まみちゃんは相変わらず「みかちゃん、みかちゃん」と言って、教師の指示によるよりも「みかちゃん、トイレ」「みかちゃん、きゅうしょく、やる」と、積極的というのか「みかちゃんとなんでもやりたいの」という意思をはっきり出すようになりました。

四月、五月は、昨年の少人数のクラスから一気に新入生が増えたせいか、まわりの様子を見るだけで、なかなか授業に参加せず、このままどうなることかと私自身心配になった時期もありました。しかし、徐々に自分を発揮できるようになり、歌、マラソン、楽器演奏、体操、バスケットの練習と積極的に参加するようになりました。顔つきも変わってきて、自信を取り戻し始めたのです。

子どもの成長は急に伸びるというより、ほんとうに少しずつ成長し、時には伸びるためのスランプもあります。その時は、一見、元に戻るかのように見えますが、伸びるためのスランプであることが、二年目にしてわかりました。一人一人の生徒の成長には、すぐ目に見えるものもあれば、目に見えない成長も多く、成長していく姿を表現できるまで待つということを教えられた気がします。

かいせんせい
かいせんせい
かいせんせい
水はきもちがいい

プールにいきました

二〇〇〇年　二年生　二学期・記録

九月

二学期・始業式

二学期が始まった。夏休みの間に、身長がだいぶ伸びたようで、そのせいか、すっかり女性らしくなったまみちゃんに驚いた。迎えに出てくれたクラスの友達といっしょに歩いて教室に入り、始業式にも落ち着いて参加した。精神的にもさらに成長しているなあと感じた。学校に来るのがとてもうれしそうなのが、何より私もうれしい。

いよいよ二学期の授業開始。夏休みの思い出を「I組」全員絵日記に書いてきた。教室でまみちゃんが友達の顔の絵を描いているのをふと見ると、今までの描き方とは大きく違い、顔の輪郭をまるく描くようになっていた。何か変化を感じさせる。水泳の着替えをする時も「いいの、いいの」と言いながら、一人で着替え終わった。帰りの時間、連絡帳を自分で書いて、私の机の前に持ってきて「おわったよ」と差し出した。まみちゃんも満足そうに笑っていて「カントリー・ロード（ハッピーロード）」と「さんぽ」の曲をうたってくれた。それを聞いていたクラスの男の子が「もっとうたって」と言ったので、二人で盛り上がっていっしょにうたい始めほんとうに楽しそうだった。まだまだみんなと同じように動けない面もあるが、基本に立ち返り、ゆっくり今学期も進んでいこう。

九月十一日月曜日（日誌より）

美術の授業で、布を裂いて細かくし、木製の織機で編んでいくという難しい作業に取り組んだ。交互に布を返していく作業を、まみちゃんは真剣に集中してやっている。二時間あまりの間、いやだとも、やめるとも言わずもくもくと続けていた。給食についていたゴマペーストを自分で開けて「あ、あいた」と喜んでいた。今までできなかったことがひとつできると、自分でもびっくりするようだ。先週から昇降口の玄関ドアを自分で開ける練習をしていたが、とうとう自分で開けて校舎の中に入ることができるようになった。どんなことでも、ゆっくりとまみちゃんのペースで取り組んでいけば、そのうちなんでもできるようになるのだと思う。

朝からすごい雨が降り、グランドがたちまち海のようになってしまった。まみちゃんはレインコートを着てタクシーから降り、自分で傘をさし、玄関で自分で傘をたたんでいた。家でも練習していると、お母さんが言われていたが、ほんとうに上手にできる。ずいぶん練習したのだろう。校舎に入ってから遠くに神谷先生が見えると「かみや」「……ない」と大きな声で、先生の名前をはっきり早く発音していた。「せんせい、あめ、すごいね」とこれまたはっきり話しかけてきた。去年のことを思うと、言葉の発音も声の強さも驚くほどだ。

体育大会が近いので、はちまきをしめて体育館でハードルの練習をした。まみちゃんのハードルは、ゴムを張ったハードルだ。ハードルのゴムの高さを自分に合わせて調節し、跳び越す練習をした。まみちゃんにとっては、このゴムのハードルでも跳べるということはすごいことなのだ。みんなに応援してもらい気持ち良さそうに、はりきって何度も練習して満足していた。

昼休みに、通常学級の一年生との交流があり、「わたしは、おおたまみこです」とはっきり自己紹介していた。先輩の意識が強く堂々としている。一年生の中の一人が気に入ったようで、名前を教えてほしいらしく、「このひと」「このひと、なまえ」と指さして何度も聞いて覚えようとしていた。そして、自分から近づいて話しかけようとしていた。

数学の時間、91~100までの数で、途中の数を抜いても、数字がつながるかどうか、問題を作って渡してみたら、数字を順番どおりつなげて書き始めた。頭の中で数字がつながっているのだ。大雨のせいで雷が鳴ると、まみちゃんはクラスの女の子といっしょにキャーキャー騒いで楽しんでいたが、突然停電になってしまった。どうやら近くに雷が落ちたらしい。みんながギャーと叫んで大騒ぎになり、まみちゃんも興奮して、見えない雷に怒って立ち上がり、椅子を持ち上げていた。しばらく興奮状態が続いたが、それにしてもすごい雷雨だった。

九月十九日火曜日（日誌より）

今日はめずらしく物を投げて興奮していたが、以前みたいに長い間ではなく、五分ぐらいで落ち着く。しかし、まだこういう状態があるということは、これからもまだ能力が発揮される部分が出てくると思われる。午後は畑に種をまくというので外へ出たが、突然校舎の端で座り込み、地面に「水、空、木、足」と漢字を書き始め、十五分ぐらい書き続けていた。今、学習において、私の目にすごい変化だと映らなくても、まみちゃんの中での能力開発が行われているようだ。

体育大会の全体練習で、「I組」も通常学級に混ざって入場行進の練習をした。まみちゃんは教えてもいないのに、足を高く上げて行進していた。去年のことを覚えているのだろうか。しかも、みんなと同じように、曲に合わせて行進している。あんまり行進が上手なので驚いた。行進の間中、私がまみちゃんの側についていると「あっち、いってて、いいよ」「やる」「がんばる」

と言って、もうすっかり二年生の態度だ。通常学級の中に入って遅れることもなく行進し、体操をした。

残暑が厳しいので、冷やしたタオルをビニール袋に入れて、まみちゃんの体温調節をしながら練習を続けた。三、四時間の連続練習だったが、日射しも強く、体力的に考えて、四時間目はまみちゃんだけ教室で休憩し、国語の字の練習をすることにした。

それから、時計の読みの練習を少ししたら「さんじはん」などはっきりと発音し、「じゅうじ、じゅうにじ」と読むこともできた。それを聞いていたクラスのみんなに拍手をされてうれしそうにしていた。少しがんばりすぎて疲れたかもしれない。

マラソン大会を十月二十日に控えているので、マラソンの練習もあり、体育大会の練習と同時進行だ。毎日、朝から走ることばかり。リレーの練習で、バトンをもらうまでは「はしらない」と言っていたが、バトンを渡されたら「やる」と言って急に立ち上がり、突然、走り始めた。それも、ももを高く上げて走り、フォームもなかなかのものだ。まわりの人の走り方を見ていたのだろう。

少し興奮している様子だが、ハードルの練習もした。七メートルの距離の間に、ゴムで作ったハードルが十五センチほどの高さで八台置いてあるのを、順番に跳んでいくのだ。しかし、毎日の練習で、気持ちも疲れているのか、一度だけ跳ぶと座り込んでしまった。やりすぎないように気をつけているが、子どもたちもまわりの練習を見て気持ちが盛り上がってきているのだろう、なかなか練習熱心でやめようとはしない。応援のボンボン作りも始めることにした。

外国人講師の英語の授業では、疲れているのと、理解するのが難しいのとで、めずらしく机を倒して、何かと不安定な様子を示していた。これ以上のパニックが起こるかも知れないと思って見ていたら、パニックにならずに落ち着いてきた。パニックが起こらなくなると、まみちゃん自身も楽になっていくのだろう。とにかく、今週、来週と行事が多く、子どもたちもその練習で疲れるはずだ。帰り際に、クラスの女の子から手紙をもらい、まみちゃんは、そのひらがなの手紙を全部読んで大喜びしていた。

体育大会

今年は、天気もよく、クラス全員、いっしょうけんめい走った。ハードルも練習を重ねてきたおかげで、全員跳びこすことができた。まみちゃんは、一〇〇メートル走のフォームも去年と違い、歩幅も広く、足も高く上げ、自信満々にゴールし、午前中に三種目ほど走り終えた。昼食の時間が終わり、午後の部が始まる直前に突然雨が降り出した。雨はだんだん強くなり、とうとう椅子に座っていることができないほどになる。二時まで待ってもやむ様子がない。とりあえず教室に入ることにした。残念ながら午後の部は中止。下校することになる。

十月

　体育大会も終わり、制服も夏服から冬服へと衣替え。まみちゃんは冬服を着て、さっそうと登校してきた。冬服のスカートが気に入って、マラソンの練習があるのに体育着に着替えようとしない。そこへみかちゃんが来て「まみちゃん着替えようね」というと、なんとか着替えたのだが、不満顔だ。昨年の衣替えの日も、冬服が気に入り、着替えたがらなかったことを思い出した。

　マラソンを一周走り、いつもの地面で字の練習をした。今では、練習する字はほとんど漢字だ。難しい字もひとつひとつ書けるようになり、「男・女・水・木・月・空・足・手・口」などは何も見ないで書くことができる。地面に棒で書く場合と、石で書く場合があり、石は冷たくて気持ちがいいようだ。入学して以来、この地面に字を書く時と、ハガキ大の画用紙に字の練習をする時が、一番精神的に安定しているように見える。

　音楽の授業で合奏の練習をしていたら、曲の合間に、鉄琴の上に置いたホワイトボードに、ドレミファソラシと自分で音階を書いて覚えていた。音階を読めて、書けて、覚えて、すっかり理解しているのだ。そのうえ、書いている途中に、自分が弾く順番が来るとちゃんとバチを持って鉄琴をたたいている。演奏しながら、覚えて、記憶しているのだ。突然ひらめくのだろうが、ほんとうに何をやり出すのか見当がつかない。とにかく音楽は好きなのでいいことだと思う。好きなことがあるということが大事なことなのだ。毎日、毎日「太田麻実子」と今まで書けなかった時の分まで、自分の名前をいっぱいいっぱい書いて、まみちゃんは自分に誇りを持っている。

十月七日土曜日（日誌より）

「マラソン、いこう」とはりきっている。体育大会の疲れもとれてきているのだろう。朝登校するなり、私の服を見て、いつもと違う赤い服を着ていたら、「かわいいねえ」としきりに言っていた。いつもと違うのがわかるのだ。土曜日ということもあって、クラスはゆっくりした感じで、男女とも仲良く遊んでいる。その中へまみちゃんも入って話している。そして笑っている。

少し肌寒いが、気持ちのいい青空が広がっている。まみちゃんはブレザーを着て登校。「これどう?」と言うので「うん。すてきよ」と言うと、うれしそうに笑う。まみちゃんは、ブレザーを着てすっかり先輩気分なのだ。「いいの、いいの」と言って体育着に着替えないで過ごし、マラソンにも行かなかった。

給食時間は、さっさと準備をして、ジャムをみんなに配り、食べ方も教えている。口のまわりを汚さないように注意し、食べ終わったら、さっさとかたづけて歯みがきに行った。みんなもまみちゃんに教えられることが多い。その後、トイレに行きたいと言って、自分からこれまたさっさと行ってしまい、入学当時には想像もできなかった行動をしている。

「Ⅰ組」にきて、いろんな人に会い、いろんなことを知り、自分でも理解できていなかったことがわかるようになった。どれほど私も勉強になったかわからない。ほんとうに、もっともっと学んでいかなければいけないと思う。私は「Ⅰ組」の生徒に誇りと自信を持っている。思いやりもやさしさもあり、人と助け合ったり、支え合ったり、クラスの生徒はほんとうに最高だ。ありがたいといつも感謝している。

十月十二日木曜日（日誌より）

今朝は、お父さんが送ってこられた。くつをはき替えるところから「一人で教室に来る?」と聞くと、「うん、いいわよ」と言うので、隠れて見ていたら、くつをくつ箱に入れて、一人で歩いてきた。教室まで来て、自分で更衣を始めたので、あとからついていき「まみちゃん、一人でこれたね。できたね」とほめたら「うん、いいよ、すごい」と一人でできることを喜び、自信をつけていた。「爪を切ってあげようか?」とうながすと「うん、いいわよ」と言う。しかし、爪を切るのがこわいらしいので「じゃあ、お母さんに切ってもらってね」と言うと「うん、きる」と言うので、また準備をする。しかし、結局やめることになる。自分では、私に切ってもらいたい気持ちがあるので迷っているが勇気が出ないらしい。

合奏の「夢の世界」「まほうの笛」「渚のアデリーヌ」が、合図だけすると一人で弾けるようになってきた。毎日練習している。宿題の数字も形よく書けるようになり、本も少しのカタカナを読めるようになってきた。マラソンで走る時に、足が痛いというので、上ばきに替えて走ってみたら、すごいスピードで走り始めた。


行事続きで生徒も忙しい。小雨の中、昭和記念公園に行って、クラス全員でマラソンの試走をした。まみちゃんも八〇〇メートルの練習をしようと思っていたのだが、四〇〇メートルぐらい走って残りは歩いてしまった。クラスのみんなは、なかなか好タイムで走り終えた。来週のマラソン大会では、みんなの力が十分に発揮できるとよいと思う。小雨といえども、けっこうぬれるので、早々に引き上げ、給食までに学校に戻った。

午後は、みんな疲れもみせずがんばって合奏の練習をした。まみちゃんは、休み時間にクラスのみんなに「うたって、うたって」と言われて、おもちゃのマイクを片手に「いいわよ」と大喜びだ。ひさしぶりに教室でカントリー・ロードをうたってうれしそうだった。クラスの男子もいっしょになってうたっていた。生徒同士の会話もほんとうに楽しくなってきていて、お互いに仲間意識が出ている。まみちゃんもクラスの中の状況がつかめてきて、「それはいけない」と友達に注意をしたりして、しっかり顔をあげて行動している。時々、先生たちをからかう。こんな光景は去年ではとても考えられないことだ。十名のクラスになって「I組」はどうなるのかと思っていたが、みんな仲良くそれぞれ個性的でこんなに楽しく過ごしていけるとはうれしい限りだ。

みかちゃんが風邪のため欠席した。何も知らないまみちゃんが登校してきたので「みかちゃん、病気なのよ」と伝えたら「ちゅうしゃ?」と言って、みかちゃんの机をなでていた。トイレや下校がいつもいっしょのみかちゃんがいないので、どうするのかと思って「先生とトイレ行こう」と声かけをしたら、さっさと立ち上がり、嘘のようにすぐ行動した。私に迷惑をかけてはいけないと思っているのかもしれない。数学の時間、ネズミのぬいぐるみを八個準備すると「いち、に、い、さん」と数を読み始めた。入学してから一時期、数に興味を持ったこともあるが、ほとんど数に興味を示すことはなかった。ところが今日は数を読み始め、二個ずつの図柄を○で囲んでいく。「マラソン何週走るの?」と聞くと、指を二本出してきちんと答える。いよいよ数に入っていきそうな予感がする。

合唱コンクールが近いので、休み時間も合唱の練習をした。出だしだけ合図をするだけでよく、まみちゃんはもうすっかり曲を覚えている。音楽が好きで、いつも真剣そのものだ。クラスのみんなとも慣れ、まわりの様子を見て状況判断もできるようになってきている。すっかり女性らしくなり、やさしさや思いやりもはっきり表現し、どんどん成長していく姿を目の前にすると、うれしい気持ちと同時にまみちゃんが卒業してしまったら寂しいだろうなあと感じる気持ちが起きて複雑だ。一日一日、こうしていられることを大切にして過ごしていきたいと思う。

マラソン大会（多摩地区障害者研究会主催）

雨で延期になっていたマラソン大会が、開催されることになった。朝、お父さんに送られてまみちゃんが登校してきた。車の中のまみちゃんの様子がおかしいので側へ行くと泣いていて、「せんせい」と抱きついてくる。何があったのだろう。心配だ。とにかく教室へ行き、連絡帳を見たら、お母さんが風邪で応援に来れないかもしれないということだった。今まで、お母さんが参加されなかった行事が一度もなかったので、まみちゃんは、それで泣いていたのだろう。お母さんのことを心配しているのだ。親を思う気持ちもしっかり育ってきているのだなあと思った。

いよいよ昭和記念公園で行われるマラソン大会に出発した。しかし、まみちゃんは会場についても元気がない。おかしい様子だ。突然「わたし、マラソンむり」「むり、むり」とはっきり話しかけてきた。気が進まないのだろう。とりあえず参加したが、まみちゃんは昨年のようには走らず、止まってしまうことが多かった。なんとかゴールし終えたという感じだ。

ところが、弁当を食べる時間になると、にわかに元気が出てきて「べんとう、おかあさん、おいしい、おいしい」と言ってぱくぱく食べ始めた。昼休みには、みんなでおにごっこをして遊び、いつもの笑顔が戻ってきた。
帰りのタクシーの中で、介助の方にいろんな話をしていた。発音もはっきりしていて、言葉もしっかりとし、きちんと会話になっている。友達の誰とでも会話をし、先生たちをからかい、話すことが楽しくて仕方がないようだ。

公開授業

一、二時間目、公開授業。お父さんが教室の中へ入ってこられたら、まみちゃん大喜び。意識している。一時間目だけいて帰られたが、その後まみちゃんの落ち着きがなくなった。やっぱりお父さんにずっと見ていてほしかったのだろう。合奏が始まっても、集中できないでいた。四校時の数学では、マジックをいたずらして、手のひらに書いたり、自分でイライラして、少し興奮気味。1から10まで視写ではなく書くことにしてみたが、まだ少し難しい。帰りはタクシーが来ないので私が送っていくことにしたら、喜んで、ずうっと笑い続けていた。
一時間目にマラソンをしようとまみちゃんといっしょに昇降口に行くと、通常学級の三年の男子生徒二人と先生がすのこの上に腰をおろして話をしていた。きっと何かあったのだろう。ところがまみちゃんが、突然、その男子生徒の目の前に立ち止まり、自分から話しかけ始めた。「なに？」と言って、何をしているのかと聞いているようだ。私にも「なーに？」と言って、しきりに聞くので「先輩よ」と言ったら、「せんぱい、せんぱい」と言って、じいっとその生徒を見つめている。まみちゃんも何か不思議に思ったのだろう。しばらく立ち止まったまま、今度は「なあに？」と名前を聞いている様子だ。「さあ、まみちゃん、マラソンに行こう」とうながして外へ行き、四〇〇メートルほど走り終わって戻ってくると、まだ三年の男子生徒がそのまま先生と話し込んでいた。まみちゃんは、またそこで立ち止まり、やっぱり何か気になるのだろう、「せんぱい、せんぱい」と言っていろいろ話しかけ始めた。おそらくお説教されていたのだろうが、話しかけられた二人の男子生徒もそのうちニコニコと笑顔になってきた。

音楽の時間に合奏の練習をしていたら、背中を後ろからたたくという出だしの合図をしなくても、まみちゃんが自分で出だしから入るようになった。昨日までは一回、一回、すべての合図をしていたのだが、突然、合図なしに始めた。

朝から、トイレに行きたい様子が続いていたので、おかしいなあと思っていたら、学校へ来てから生理になっていた。やっぱり生理の時は、女子生徒は精神的に不安定で、イライラしている様子。突然、友達のファイルを持って逃げて、おもしろがったり、これは悪いこととわかっていても、気を引こうとしたりする。昨年のパニック状態とはまったく違う様子で興奮したりする。こんな時、少し強い口調で「これはいけない、人のものはいけないのよ」と話していくと、静かに聞いている。様子を見ていたら、「わかった、わかった」と言って下を向き、何かを考えているようだった。それから、友達のファイルを返しにいって、私に「どう、わかった、かえしたよ」という合図を送ってくる。こんな時も、成長したなあと感じる。下校時は、友達のみかちゃんが、毎日毎日タクシーのところまで見送ってくれ、まみちゃんはみかちゃんに手を振りながら帰っていく。「あしたもきてね」とみかちゃんが言うと、「いいわよ」とまみちゃんが応える。毎日の会話である。

合唱コンクール

合唱コンクールが始まった。まみちゃんはステージに立つのが大好きだ。ひとまず学校へ集合し、それから会場へタクシーで向かった。まみちゃんは少し興奮気味で、タクシーの中でも、とにかくケラケラ笑い続けている。本番が近づき、音合わせをやっていると、ステージの上から客席の親に向かって手を振り出し、余裕というのか、興奮しているというのか、こんな態度をとるとは思いもしなかった。

練習が終わり、本番のライトがつくと、驚いたように目を大きく開けて鉄琴に顔を近づけ、緊張している様子だ。ピアノが鳴り始め、ドシラソと鉄琴を弾き始めた。一曲、二曲、三曲と、二曲目を少し遅れてしまったものの、ほとんど一人で弾くことができた。念のため、出だしだけは、背中を後ろからたたいて合図した。昨年よりはずっと音階の理解も読みもできるようになり、曲も頭に入っている。来年は完全に一人で弾けるようになるだろう。

合唱コンクールの閉会式で「I組」は努力賞をいただいた。まみちゃんとみかちゃんが二人でステージに上がり、りっぱな態度で校長先生から賞状を受け取った。これで卒業式も大丈夫だと確信した。少しずつだが、日々確実に成長している。

十一月

歯の治療のため全身麻酔をかけるので、まみちゃんは二日間ほど欠席した。二日休んだだけでも、クラスのみんなが「まみちゃんきたの」「よかった、よかった」と喜んで迎える。まみちゃんが休むとみんな寂しいようで、まみちゃんの存在は大きいのだなあとつくづく感じる。

まみちゃんは、さっさと更衣室に行って着替え「せんせい、いたの、おわったよ」と、歯の治療のことを伝えてきた。「ここ」と指差し、ここに注射をしたと言っているようだ。まだ、すべてがはっきりした発音の言葉ではないが、何を伝えたいのかはなんとなく理解できる。

英語の時間、「A、B、C」とプリントに視写するように渡したら、枠の中にきちんと「A、B、C」と書く。これも視写ではなく、何も見ないで書く日が来るのだろう。土曜日なので、お父さんのお迎えだ。車に乗り込み、みかちゃんに手を振って帰っていった。
早いもので、二学期もあと二か月足らず。このあと、どう能力を発揮していくのか楽しみだ。教育というものは、待って、待って長い目で見ていく、この間が難しいものだと感じる。来週は展示会があり、行事に追われるようだが、子どもたちもがんばっているので成功させたいと思う。

十一月七日火曜日（日誌より）

少し疲れた表情でタクシーを降りてきた。先週の全身麻酔の影響なのか、いつもと違う。お母さんからの連絡でも、あくびが多いとのこと。それでもマラソンは一周歩いた。その後、地面に「学校」と書いていた。地面がやっぱり好きなのだ。二時間目の数学はやる気がなく、ひさしぶりにカントリー・ロードを大きな声でうたっていた。三時間目の外国人講師の英語には参加したが、終了後、そのプリントを細かく破って床に捨てていた。私がだまってほうきではいて集めたら、悪いと思ったのか、最後の紙はちり取りの上に置いた。家庭科の時間、展示発表会に出品する牛乳パックを使った編物をした。もくもくと続ける。下校までずうっと編んでいた。自分のマフラーができあがったら、友達の分まで手伝うというので家に持って帰った。手先が器用で、気分がいいと、その集中力はすごい。

朝タクシーから降りてくる時、運転手の方に「ありがとう」と言って降りてきた。驚いた。その後、昇降口で「こうちょうせんせい」とはっきりした発音で校長先生に話しかけ、「ありがとう」とマラソン大会の賞状のお礼を言っていた。それから、「どう、できるのよ」と言わんばかりに、ドアを一人で開けて校舎に入り、遠くにいたクラスの男子の名前を呼んで「おはよう」と大きな声で挨拶しながら、廊下を走っていってしまった。足もしっかりしてきたものだ。もう追いつけないほどの成長ぶりに、校長先生も笑顔でまみちゃんを見ておられた。

学活の時間、遠足で必要なお金の計算をし、学習することにした。一人一人前に出て、百円、十円、と発表する。「次は、まみちゃん」と呼ばれると「はーい」と返事をして、さっと前に出てきた。神谷先生の説明を聞いて理解していたのだろう、きちんと発表し始めた。神谷先生も驚かれていた。クラス中に拍手が起きる。まみちゃんも、みんなに認められ、同じようにやりたい、学習したいのだと、改めて感じる。

休み時間に、カントリー・ロードの歌を、まみちゃんがいっしょうけんめいクラスの男の子に教えていた。なかなか覚えられない後輩を、すっかり先輩として指導していた。

十一月九日木曜日（日誌より）

数学でまっ白な紙に数字を書くように渡してみたら、1から10までは書いたが、11から20までは少し悩んでいる。「11、12と書いてね」と言うと、13、14と書いていくが、途中混乱する。数の並びはまだ確実ではない。しかし、視写ではなく、何も見ないで1から10までスラスラ書いた。数字に比べて数にはあまり興味を示さない。まだ時期ではないのかもしれない。

展示発表会

展示発表会の準備のため、クラスで大掃除をした。まみちゃんは、掃除機が気に入り、二つの教室を掃除してくれた。終わったあと「おわったよ」とうれしそうに言ってきたので、「ありがとう」とお礼を言った。みんなと同じように動いたり、参加したりした時は、すごくうれしいのだろう。生徒には「ありがとう」となるべく言うようにしている。

展示発表会では、一階の教室から、二階、三階と通常学級の展示をみんなで見学して歩いた。書写、技術、家庭、美術、その他の教科の展示もある。去年は木工でかわいい作品があると、まみちゃんは手にとって離さず「持って帰る」という様子で騒いでいたが、今年は「作品にふれないでね」と言っておいたのをしっかり理解している。それぞれの作品を見て「かわいい」と言って近寄ってはいたが、ふれないで見学していた。

昼休みに、さんぽの曲をかけ、歩いたり、踊ったりしていたが、そのうち、二本棒針の編み方をみんなに「教えて、教えて」と言われて、すっかり自信満々で教えていた。

夕方五時頃、めずらしく二人の女の子が学校に訪ねてきた。以前勤務していた中学校の教え子が、私に会いに来てくれたのだ。私が心障学級の「I組」に働くようになってから、街で障害のある人を見かけると、暖かい目で見られるようになったよと言うと、二人はこれまでの自分を改めようと、今、立ち上がろうとしている気持ちを話して帰っていった。なんだかうれしい気持ちになった。がんばれ、がんばれ。

マラソン大会、合唱コンクール、展示発表会と行事の連続で、まみちゃんは少し疲れが出てきたのだろう。朝の着替えにとても時間がかかるようになってきた。連絡帳にも「朝起きられない」と書かれている。ゆっくり着替えて教室へ来て、マラソンには「いかない」と言う。もうすぐ遠足もあるので、無理をしないで、みんながマラソンをしている間、教室で字の練習をすることにした。

「かみや、かみや」と先生の名前をからかっているのか、何度も呼んでいた。先生たちの名前もはっきり発音できるようになって、楽しくて仕方がないのだろう。それにしても、自分の名前を一日何百回と書くのはほんとうに不思議でならない。他の人が見ると、なんなんだろうと思われるかもしれないが、私にしてみると、今まで書けなかった自分の名前を、十何年分書いているように思える。

午後になると、疲れがピークに達してきたのか、目がとろんとしてきて、教室の床に座り込んだ。鉛筆類を突然投げ始めたので、少し強く「物を投げてはいけない」と言い聞かせたら、「わかった」という表情で「ごめんなさい」と謝った。疲れると、物を投げるという行為で、心と体のバランスの崩れを調整するのだろう。それにしても、昨年に比べたら、めったに物を投げなくなった。

校外学習

バスと電車を乗り継いで醤油工場の見学に行った。まみちゃんは自分で切符を持って駅の改札を通った。ひとつひとつなんでも自分でできることがうれしいようだ。みんなと同じ距離を歩行することはできないが、なるべくみんなと同じように行動させていくことが、まみちゃんの自信につながるように思う。

醤油工場ではせんべいをいただき、みんなで「おいしい、おいしい」と食べた。醤油の香りがあんなに良いものだとは思わなかった。先日の遠足は雨で中止になり、みんながっかりしていたが、今日は雨にも降られず予定通りのコースをまわり、醤油のおみやげを持って帰った。

寒いので、まみちゃんがコートを着てタクシーから降りてきた。「どう、いい?」と、コートを気にしている。制服が冬服になってからは着替えに時間がかかるが、全部自分で着替える。体育着に着替え終わったと思ったら、なんとその上にまたコートを着てきた。一時間目の音楽、合奏の練習。新曲「サザエさん」である。コートを着たまま練習している。

いつものように曲に入るところで「ポンして」と言うので、背中をたたいて出だしの合図をする。途中から「おさかな、くわえて、どらねこ、おいかけて」と、ところどころ発音ははっきりしないが、うたい出し、うたいながら鉄琴の練習をした。音楽の授業が終わっても「サザエさん」をうたい、歌詞も覚えているので、もう止まらない。教室の中で、大きな声で、みんなに聞かせているようにうたい出した。

「I組」の保護者の方から「子どもたちの合奏や展示会の作品についてすごくほめられてうれしく思いました」という連絡があった。生徒のことをほめられると感無量だ。

二学期・期末テスト

まみちゃんは、漢字とカタカナの入った文の読みと、漢字の読みのテストをした。漢字では「雨、木、水、空、学校、上、下、花、目、口、耳、手、足」と、次々読めるようになり、カタカナも覚え始めている。それから、一から五までの物を数えるテストもした。「すごいね」「そう」「いいの」と会話をしながらテストを進めていくと、一から五までの数を順番に数えていくこともでき、しっかり理解しているようだ。何枚かあったテストも全部できた。まみちゃんは、字に対してはものすごく興味を持っているのだが、数を示すと「いやだね」と言っていた。しかし、今までとは違った目つきで数を読んでいるような気がする。

十二月

研究授業発表

今年も最後の月に入り、我が「I組」の研究授業発表の日が来た。大根の栽培と収穫の観察記録を、一人一人、生徒が発表することになっている。まみちゃんも一人でやるから大丈夫と言うので、見守ることにした。まみちゃんは、記録帳に自分できちんと観察記録をつけている。名前を呼ばれたら「はい」と言って少し間があって立ち上がり、「くがつじゅうくにち」と、ひらがなで書いてある文を一字一字はっきり読み始めた。口内炎で口が痛いのに、ここぞという時はがんばって、私を助けてくれているようだ。まみちゃんが自分に自信を持ってきてくれたことがほんとうにうれしい。今日は、まみちゃんの家の引越しでもあり、まみちゃんは大きな行事をふたつ同時に乗り越えていく。

手足口病で、しばらく欠席。口内炎も完治し、ようやくまみちゃんが学校に来た。しかし、タクシーから降りてくると、なぜか涙、涙だ。お母さんに爪を切ってもらったのだけど、爪を切るのがきらいだと言って泣いている。その後、教室に入ると、ひさしぶりなので「大丈夫？　大丈夫？」とクラス中に声をかけられ、みんなの顔をひととおり見渡して席に着いた。

一、二時間目は音楽で合奏練習をした。みんなで新曲の練習に取り組んだ。一人一人のパート別に順番に練習をしていたら、まみちゃんは「トイレ、いきたい」と自分で伝えてトイレへ行き、戻ってきた。すると、自分の練習の順番が回ってくるのが待ちきれず、隣の教室へ行って突然字の練習を始めた。「かみやせんせい」と、初めて「せんせい」と自分で書き出し、「せんせん」となっていたので教えると、「うん。うん」とうなずいた。今日は「かみやせんせい」とずっと書いて過ごしていた。とにかく、学校に来れたのがうれしいらしく、一日中まみちゃんは笑いころげていた。字を練習したり、工作をしたり、とにかくケラケラ笑って、給食もペロリと平らげた。やっと食欲もでてきたのだなと安心した。

十二月七日木曜日（日誌より）

帰りの着替えで、立ったまま着替える。「みて、みて」と言っている。今まで椅子に座ったまま着替えをしていたことを思い出し、驚いた。トイレも「一人で行ってね」の声かけに「はーい」

と言って、さっさと行った。今日は何か違う様子である。

まみちゃんは朝から「のど、いたい」と訴えている。それでも一時間目のマラソンは一周ほど歩き、三、四時間目の美術も新しい作品に挑戦していた。さすがに四時間目はあきて、給食時間になるまで色紙をハサミでずうっと切っていた。給食でみかんが出ると、「いっこ、にこ」と数え、指を二本出して、自分が数がわかることを主張していた。自分から数を言い始めるのもめずらしいことだ。

漢字の練習の時、「高い」と書いて、手で「高い」ということを表して、漢字の意味も理解しようとしている。まみちゃんは向上心がすごくあり、ひとつのことをほんとうにわかるまでやる気力にはすごいものがある。

午後の二者面談で、お母さんと懇談をした。家でも、立ったまま着替えの練習をしているそうだ。私が立ったままやるよう指導したわけではない、まわりの友達の様子を見て、自分でやりたいと思い、やれそうなことから練習しているのだろう。学校でも、あれからずっと、着替えは立ったまま挑戦している。

その後、まみちゃんは風邪で一週間も欠席してしまった。こんなに休んだのは、入学して以来初めてのことだ。「のど、いたい」と言っていたのはその前兆だったのだろう。学校に行きたい気持ちはあるのだけれど体が動かなくてつらかったようだ。

十二月十八日月曜日（日誌より）

一週間ぶりの登校。やっぱりうれしそうで、今日は着替えが終わってから教室へ行き、椅子に座ったかと思うと、「せんせい、トイレ」と言って、トイレに一人で行く。

一時間目の英語でワン、ツー、スリーと英語で書く練習。意味を理解してスペルを書いている。ワンからテンまで、指を出しながら読み上げている。ひさしぶりに登校したので、ゆっくりやるつもりだったが、火を噴くように字の練習を始める。

三、四時間目の美術は「やらない」と言って、入っていかない。様子を見ることにする。それでも、家庭科室で漢字の練習をしていた。

タクシーを降りたらすぐに「みかちゃん、みかちゃん」と言い、「来ているよ」と言うと、「うん」と言って教室へ向かった。クラスの男子生徒を見て名前を呼び、手を挙げて合図を送り、着替えにいく。この頃、まみちゃんは人が何をやってもおかしいらしく笑って、笑って、笑いころげている。マラソンは「いかない」「やめる」と言うので、無理にはすすめないが、今年はマラソンに行くことが少ない。体の中に何か成長の渦が起きているのだろうか。今はまだわからない。

マラソンをする代わりに字を書き始め、漢字、ひらがな、短文、を視写しながら書いていた。二時間ずうっと手を休めることもなく書き続け、疲れるのではないかと心配になるほど、書いて覚えている。とにかく、何年分もの練習をしているように、夢中で書いている。

時々、気分を変えるつもりなのか、編物を始めたりする。編物は、棒針も、リリアンも、どちらも上手でどんどん編んでいく。途中で、私が咳をすると「だいじょうぶか？」と言って、心配してくれる。集中しながらも、人の動きや心をじっと感じているのだろう。

二学期の学年集会で発表する文を書いてあげると、それを何回も何回も練習していた。二、三語、はっきりしない発音があるが、ほぼしっかりはっきり読めている。体育館で発表するのだが、大丈夫だろう。ほんとうによくがんばったものだ。

十二月二十二日金曜日（日誌より）

大掃除。ちり取りとほうきで、教室のゴミをきれいに取って、ていねいにゴミ箱に捨ててくれた。ぞうきんを渡すと「いやだね」と言ってやらない。学年集会での発表では、緊張している様子だったが、堂々と発表していた。

二学期・終業式

体育館での終業式は、とても冷える。「せんせい、きて、きて」と呼ぶので側に行くと、「さむいねえ」と言って、手を温めてほしいと言った。今年も残り少なくなってきた。いろんな行事に参加して、まみちゃんの二年生の二学期が終わった。

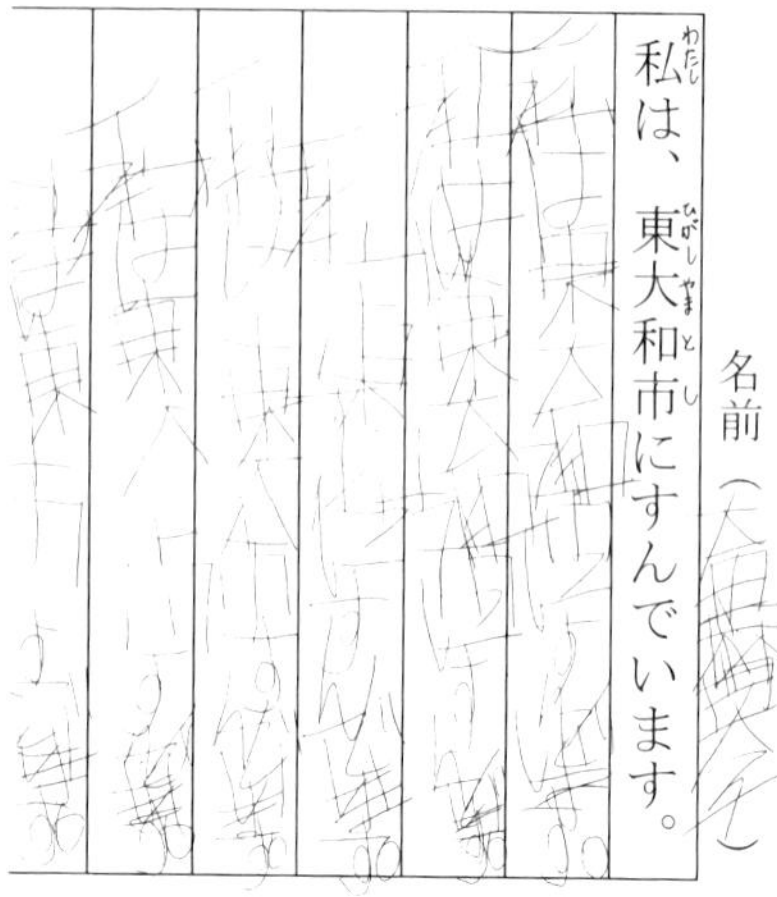

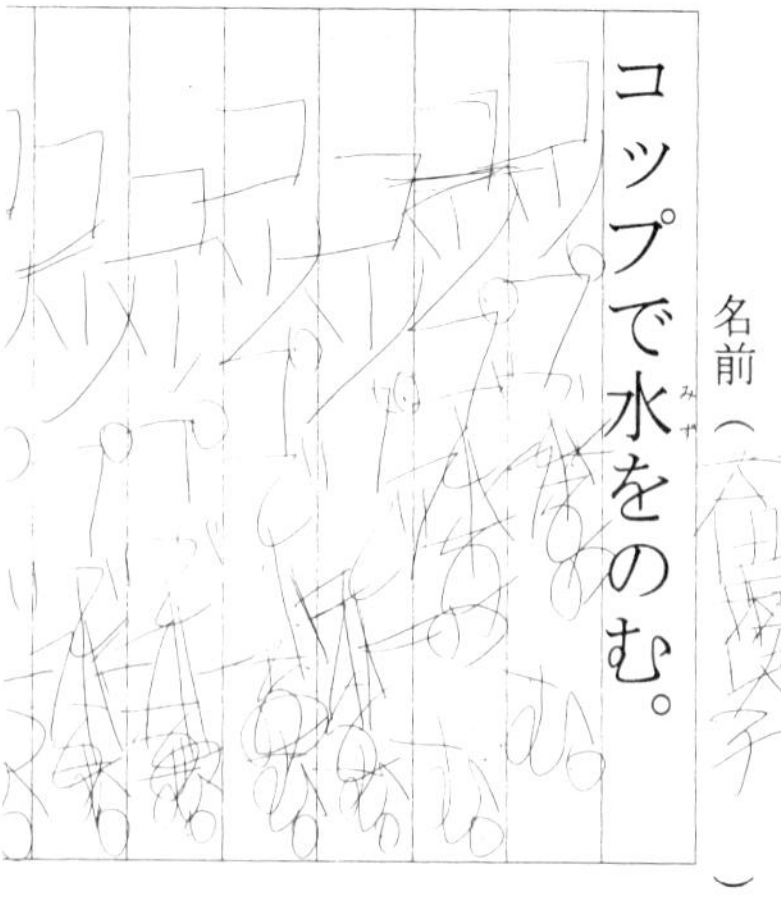

二〇〇〇年　冬

この二学期は、自分からマラソンをやりたいということがあまりありませんでしたが、自分の名前をひらがなで何千回も書いて、自分の名前を意識し始めていました。今まで書けなかった名前を、ひらがなから漢字で書けるようになり、何回も何回も、何時間も書き続けます。その姿を見ていると、「私だって書けるのよ、書きたかったの、だから今までの分いっぱい書きたいの、私は太田麻実子なの」と訴えているかのように感じます。昨年までスラスラと字が書けなかった生徒とは思えない字で書きます。

九月に一度興奮した時がありましたが、それ以後あまりパニックも起こさず、物もほとんど投げなくなってきました。すごく精神的に成長し、落ち着いてきています。行動するにも、まわりをよく見て、ひとつひとつ自分で確かめながら挑戦しようとしています。

まみちゃんには、大きく飛躍する前の静けさを感じます。言葉の発音、字の読み、書き、発表力、行動、いろんな面で成長しようとしているのでしょう。昔の私なら、生徒のほんの少しの成長など、気がつかなかったでしょう。しかし、今は違います。子どもたちの成長していく姿が、教員になって一番の生き甲斐を感じさせてくれました。ありがたいことです。

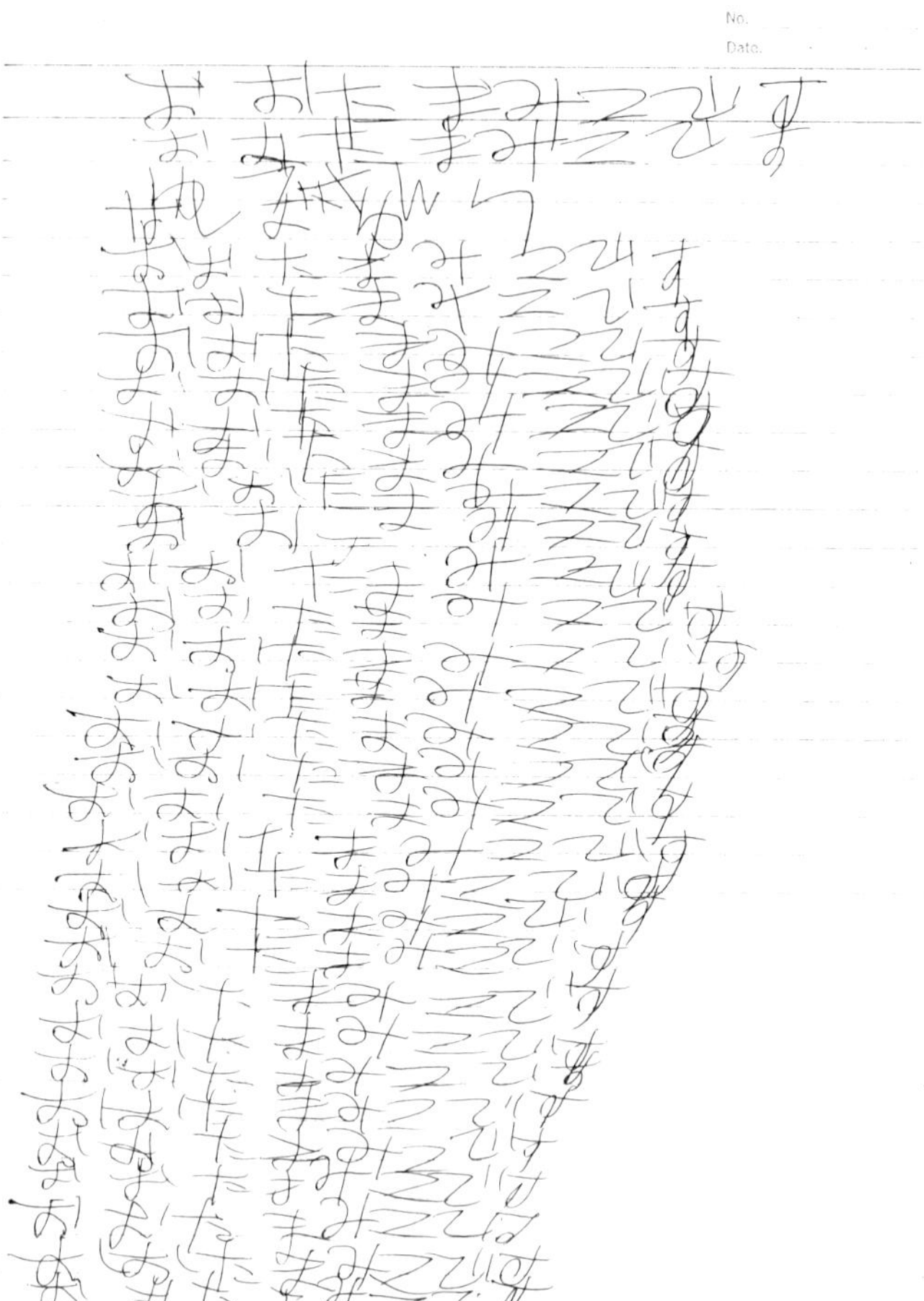
No.
Date.

太田麻衣子

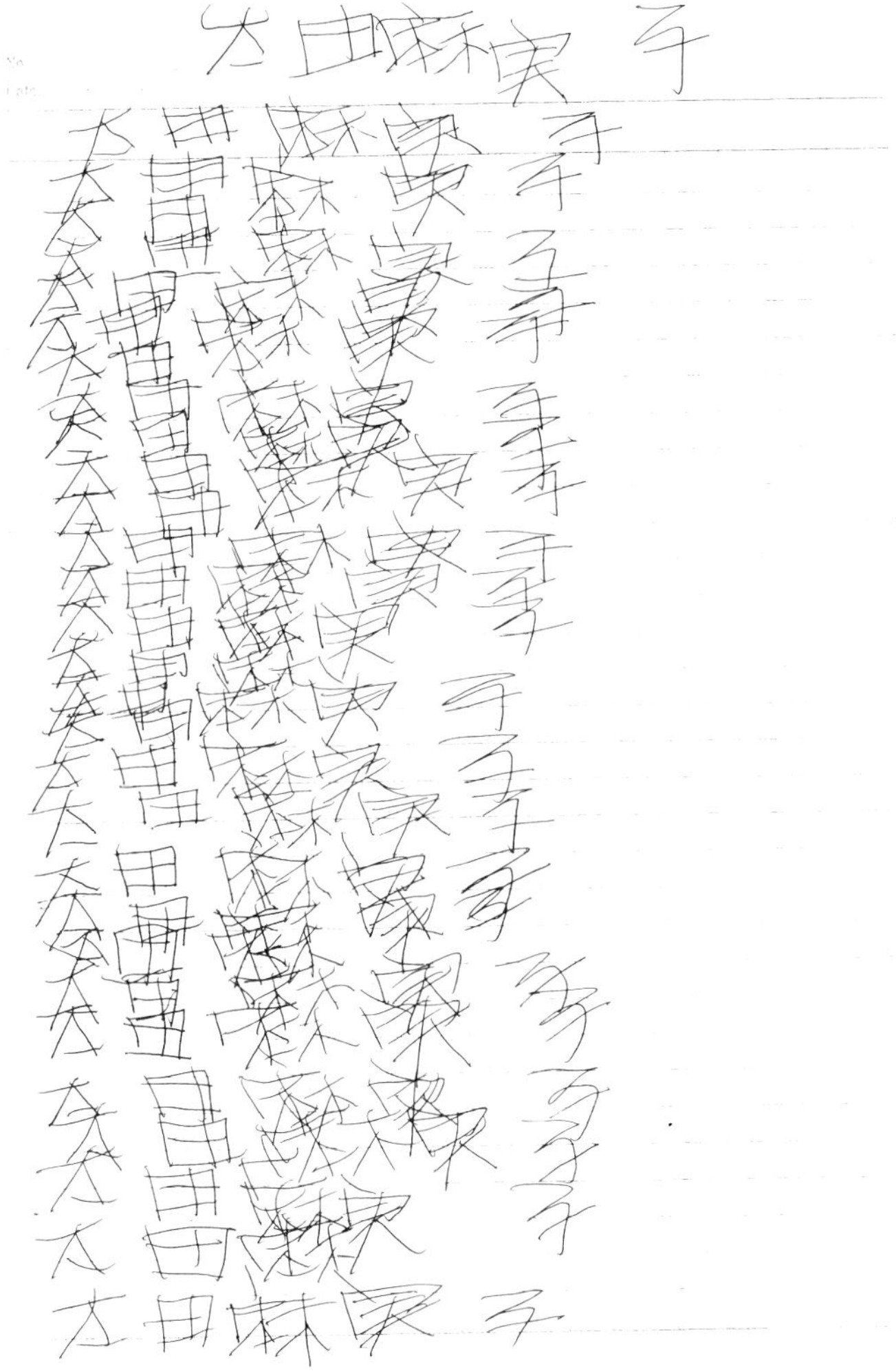

二〇〇一年　一年生　三学期・記録

一月

三学期・始業式

「I組」の生徒たちが、みんな元気に登校してきた。まみちゃんもタクシーで元気よく登校。うれしそうに教室に入ってきた。いよいよ三学期が始まる。

まみちゃんは落ち着いて机に着き、一人一人の顔を見てから、ひさしぶりに会う友達と抱き合って喜んでいた。帰りには、さっさとタクシーのカードを出し、自分からコートを着て、ボタンを全部かけて、みかちゃんと途中までいっしょに下校した。みかちゃんが「まみちゃん、雪だね」「足に力を入れて歩こうね」と話しかけると、冬休み中に雪の上を歩いて練習したことを話していた。明後日のスキー教室に「いっしょにいこうね」とみかちゃんが誘うと、まみちゃんは「うん、いいよ、ありがとう」と言っていた。

私が教室に入っていったら、すっかり落ち着いた表情で「せんせい、いたの」と声をかけてきた。二学期までとは何か違う表情だ。冬休みに、家で練習したローマ字のドリルのノートを持ってきたので見てみたら、視写で「a・i・u・e・o」や物の名前をローマ字で書いていた。そのノートの空いているところに、「ローマじ、やる」と言うので、ノートを返した。ローマ字を練習し始め、わからない時は「ちょっと、きて、きて」と私を呼ぶ。目で見て記憶しようとしているのがよくわかる。「勉強がすき?」と聞くと、「べんきょう、すきよ」と言った。

体育の時間に、両足ジャンプをし、ジャンプしている瞬間に両手をたたく練習をしていたら、まみちゃんもやってみたいらしく、両足を上げようとする。まわりを見て学ぶのだ。子どもも大人も、まわりを見て学ぶことがいっぱいあるなあと感じた。素直な心と態度は、人をどこまでも成長させていくものだと痛感。忙しくなると、見えるものも見えなくなってしまう。いつも、心新たにしていたいと思う。

スキー移動教室・予行練習

菅平での二泊三日のスキー移動教室の予行練習で、狭山のスキー場に行った。「I組」からは、みかちゃんとまみちゃんの二年生二人だけの参加だ。まみちゃんはスキーは生まれて初めての体験だ。

スキー場に到着し、開校式をして、いよいよスキーぐつをはいて、ゲレンデへ向かった。まみちゃんは通常学級の生徒の動きを見て、少し緊張しているようだ。「まみちゃんやろうか？」とうながすと「うん、いいよ」と言うものの、やっぱり「やらない」と言い、かなり緊張している。無理をせずに様子を見ることにした。

スキーの指導が始まると、まみちゃんは他の生徒の様子をじいっと見ている。自分の中で「やってみようか」でも「こわい」という気持ちが戦っているようだ。午前中は雪の上を歩くだけで終わり、午後はソリを借りてソリ遊びをした。この時はキャアーキャアーいって大喜びしていたが、すごい緊張感があったようで、途中で雪の中に座って動かなくなってしまった。そろそろスキー教室も終わりに近づき、疲労もピークとなってきたのだろう。顔が険しい表情に変ってきた。帰りはほっとしたのかとても眠そうだった。ほんとうに一日よくがんばったものだと思った。

予行練習の体験で雪の中は歩きにくく疲れることがわかり、スキーの移動教室には行きたいけれど、心の中で不安と期待が入り混じっているようだ。「せんせい、やる」と言ってはいるが、どことなく不安そうだ。それでも「せんせい、バスでいく」「いこうねえ」と楽しみにもしている。菅平は狭山と雪質が違ってフワフワなので、まみちゃんも楽しく遊べると思うのだが。とにかく良い思い出がたくさん作れるようにしたいと考えている。

数学の時間、1から40までの数字の表を出したら、一字一字、40まで全部読むことができた。午後は、いつもと違う表情で教室の床に座っていた。疲れているのかと思って見ていたら、急に本を投げ出し、少し興奮していた。しかし、それも、ほんの少しの時間で収まり、以前のようなパニックとは程遠いものだ。多分、生理の前なのでホルモンのバランスが影響しているのと、疲れで気持ちが揺れているのだろう。ラジカセで曲を聴き、しばらくうたっていた。曲を聴きながら、言葉の発音を覚えていく。いろんなことが学習に結びついていくのだと感じる。下校時にはすっかり落ち着いて帰っていった。

一月十五日月曜日（日誌より）

まみちゃん専用のハガキ大の画用紙を渡すと、自分の名前を書き続けていた。しかも五十枚あまりも書き続けていた。通常学級の生徒が遊びに来たので、そのハガキに「みちよさん」と名前を書いてプレゼントする。この友達は、一年生の時から来てくれていて、自然な友達関係を保ち続けている。どんな時代でも、このような心の持ち主がたくさんいるのだろう。あたりまえのことだが、そういう心を持つ子どもを見落としそうになることがある。世の中の悪いことばかりが強調されては、絶対にならない。

何十年ぶりかの寒さというので、教室でもストーブをつけっぱなしだ。寒くて寒くて、みんなストーブの側から離れない。

音楽の授業で、新曲の「サザエさん」「白い恋人たち」「さようなら」を練習したら、サザエさんが一番気に入っているようで上手だ。他二曲は、まだこれから練習が必要だろう。音楽が終わって疲れたのか、作業室に入って、ひたすら字の練習を始めた。自分の名前はほとんど漢字で書いている。国語の授業時間、まみちゃんがクラスの男の子に読み方を教えていた。すっかり先輩の貫禄で、男の子が読み方を間違えると「ブッブー」と言って注意していたが、男の子もまみちゃんに教えてもらうのがうれしいようで、なかなかいい関係だなあと思って見ていた。人に教えることにより、またどんどん成長していくのだろう。

数学で物と数との「数合わせカード」を学習すると、ひとつずつ数えて、数字と合わせることができた。物と数との対応を理解してきたのだろう。

まみちゃんは、最近マンガ本をよく読んでいる。「ちびまる子ちゃん」「サザエさん」「セーラームーン」「ドラえもん」など、わからない読み方を聞きながら読み進んでいる。マンガ本から少しずついろんな字の読み方を覚えていく。

美術の時間に、牛乳パックで自由作品を作ることにしたら、まみちゃんはとても気に入ったようだった。私が補助に入ったが、セロテープをカットすることと、テープをつけることを、二時間休むことなくやり続けた。自分が興味を持てる作業には何時間も集中するが、気に入らないとまったくやらない時もある。自分の中に、何かあるのだろう。下校時に、神谷先生が教科名を漢字とひらがなで書いたカードを一枚ずつ見せると「しゃかい、りか、たいいく」と全部読んで、「やったー」と言って満足そうな顔で帰っていった。

スキー移動教室

第一日目

朝、七時、学校裏に集合。まみちゃんはお母さんといっしょに来て、すごく元気だ。昨夜は興奮して眠れなかったらしい。三号車のバスに乗り、出発。バスの中でも興奮してうれしそうだ。菅平スキー場に到着。バスから降りて、雪道を宿舎まで歩いて行く。少し坂道になっているので、滑らないように気をつけながら歩く。一歩、一歩、慎重に歩いて、やっと宿に着いた。雪道を歩くだけでも疲れるのだろう、ほっとしたようだった。

部屋に荷物を置いて、弁当を食べる。「おいしい、おいしい」と言って、お母さんに感謝して食べているのがよくわかる。言葉では言い表せないことも多いが、目が物語っている。

いよいよスキーウエアに着替えて開校式。ウエアも「やる」と言って、チャックもカギホックも自分でやる。部分的には補助をしながら、帽子、ゴーグル、手袋をつけて、外へ出た。階段を一段ずつ、手すりにつかまりながら降りた。すべて自分の力で体験しようとしてがんばっているのがよくわかる。雪の上を一歩、一歩、歩いて集合場所へ行く。雪を手にとってながめている。

スキー班に分かれて、実習が始まった。まみちゃんと私は、雪に慣れるために、ゆっくり雪で遊びながら、ソリを持ってきて、ひもを引いて雪遊び。楽しいのと不安とで緊張している様子。天気は良く、雪もサラサラ。しばらくソリで遊んで、いよいよスキーぐつをはいて、板をつけてみようと思い、椅子を準備してもらった。スキーぐつをはく練習を始めると、思いがけず「いいよ」「いたくない」と言ってすんなりとはいた。板を運び、スキーぐつをセットした。いやがるふうもなく、次に立つところまでと思い、手を取って立たせようと体を支えた。しかし、腰が上がらないので立つことができない。ここで無理をすると、明日からやれなくなると考え、板とくつをはずし、ブーツにはき替えた。「もういやだ」と言っている。「こわい」「こわい」と言い出したので、気分を変えて、またソリで遊ぶことにする。

少し早めに宿舎に戻り、休憩を取ることにした。さすがに疲れたようだ。持ってきたラジカセで音楽を聴いて、ゆっくり体を休める。漢字の練習帳も持ってきていたので、まみちゃんに渡すと、夕食時間まで、夢中で漢字の練習を始めた。部屋の前が食堂で、六時に夕食開始。三十分で終了。心障学級だけではないので、食事時間もみんなに合わせる。テーブルにつき、食事係の

「いただきます」の声で食べ始め、ほぼみんなといっしょに食べ終えた。

第二日目

スキー二日目の朝、六時三十分起床。さっと起きてきた。七時の朝食はあまり食べない。緊張で疲れたのだろう。睡眠はよくとれたが、慣れない雪道を歩くので体力を使う。

午前中の実習が始まるので、スキーウエアに着替えて、ゲレンデに集合。ウエアを着るのも上手になってきた。帽子もゴーグルも手袋もつけて、自分で「やりたい」「やる」と、ひとつひとつ挑戦している。二日目ということもあって、雪の上を歩くのも慣れてきた。ソリで遊んでから、今日は山の上の方まで歩いて、ソリで滑ってきた。「こわい、こわい」と叫んでいるが、やりたくないということではない。山の途中まで歩くのも、坂道なのでけっこう疲れる。昨日のことからすると、歩くことにも少しずつ自信がついてきて、力強く歩いていく。今日は、なんとかスキーをつけて立つところまでいきたいと考えていたが、なかなか難しい。くつを板につけるところまではできるが、立つことができない。補助しても腰を引くので、スキーぐつをつけたままで無理をすることが危険だ。くつと板をつけ、ストックを持って、椅子に座った状態で様子を見て、やる気になったところで立つ練習をすることにした。だが、やはり立つことにはまだまだ時間が必要と感じたので、スキーぐつと板をはずし、雪の上に座って雪遊びをした。ソリで遊ぶこと一時間。「せんせい、やめる」と、宿舎に戻りたいと言い出した。運動量が少ないまみちゃんは、体温が奪われるので早めに戻る。十二時に昼食、カレーライス。「おいしいね、おいしいね」と言って、全部食べた。少し休憩を取り、体を休める。

一時から、また実習開始。今日は一日中実習なので、午後は「スキー、やめる」と言うかもしれないと思い、様子を見ながら、「行ってみる?」と声をかけた。まみちゃんは「いやだ」「やる」「いやだ」「やる」と言い、みんなと同じようにがんばらなければと思っているようだ。少し考え込んでから「やるよ、やるよ」と立ち上がり、ゲレンデに行った。

午後は、山の下までソリで行くことにする。かなりの坂道をソリで降りて、下の方で練習開始。スキーぐつと板は「いやだ」と拒否したのでやめ、ソリで遊び、私と雪合戦をした。大喜び。いよいよ宿舎の方へ戻る時間になったが、坂を登っていかなければならない。雪の上を滑らないように、一歩、一歩登り、途中で疲れて、一度座り、呼吸を整えて、また登り始めてやっと宿舎に戻った。これだけの坂道をよく歩いて登ったものだと感心した。

さすがに、朝から一日中スキーだったので疲れたのか、部屋に戻ったら、さっそくジュースを飲み、音楽を聴いている。夕食前に入浴して休憩していると、通常学級の生徒が遊びに来て大騒ぎ。自己紹介をして、ジュースで乾杯して、おやつを食べて、しばらく遊んで、夕食の時間になった。「またきてね」「バイバイ」。一人、一人、友達が増えていくのがほんとうにうれしそうだ。

夕食後の自由時間に、また友達が遊びに来た。まみちゃんは、「カントリー・ロード」を「うたいたい」と言って、みんなにうたって聴かせていた。こうして人がお互いに心から認め合い、友達となり、人と人との輪が広がっていくことが、真実の交流のように思える。今日は疲労も強いので、少し早めに寝ることにしたが、やっと十時三十分頃寝入る。

第三日目

天気が悪くガス発生。朝食は全部食べた。今日の午後帰るので、午前中だけの実習だ。荷物を整理したあと、最後の練習に行くが、まだ天気が悪く、少し心配だ。

九時になったので、ウエアを着て、ゲレンデに降りる。みかちゃんといっしょにソリで遊ぶことにした。山の上まで行き、ソリを並べて競争。中澤先生が手伝ってくれて、なんとか二人のソリ大会を終えた。これで帰ることになる。

帰る時、バスの座席に着いたら、バスの窓から外を見て「ゆきさん、ありがとう」と言っていた。深い感受性を持っていることに、改めて感動した。子どもを見る時、表面だけで見ていると、子どもの見方をあやまってしまうことを感じた瞬間だった。みんなと同じようにスキーを練習することはできなかったが、集団行動をしたり、目の前でスキーを滑る人を見たりして、まみちゃんも多くの体験をし、まみちゃんなりに努力し、がんばったのだ。私もまた勉強させられた。

東京も土曜日に大雪が降り、まだ校舎の裏は歩きにくい。スキー移動教室から帰ってきて、まみちゃんが元気にお父さんと登校してきた。雪の中の歩きにくさも、スキーの練習で慣れたのか、こわいと言わずに歩いている。スキー移動教室を終えて自信をつけたような気がする。

一時間目にスキー移動教室のビデオを見たが、途中で作業室に行き、自分の名前や漢字を書くのに夢中になってしまった。興味を持てるものと、持てないものでは、授業にも集中したり、しなかったりするが、それが本来の個性を伸ばす指導なのだろう。学習したいことだから真剣に集中して学習する。一人一人の能力に応じた指導ができて初めて学習したいという意欲が出て、身につくものだということを、こうして生徒を通して知らされていく。

スキー実習は、まみちゃんにとって苦難だったはずだが、「まみちゃん、スキーに行きたい?」と聞くと、「もう、いかない」ではなく「うん、いきたい」と言っていた。ほんとうに行きたいという気持ちを感じた。スキーをするまでにはいかなかったが、一歩、まみちゃんなりに学習したのだと思う。

学校の裏はなかなか雪がとけず、あいかわらず氷状態になっている。まみちゃんがころぶといけないからと、用務員さんがやかんにお湯をもってきて、氷をとかしてくれた。ありがたいことだ。その様子を見ていたまみちゃんが「なに、してるの?」と不思議そうに聞いてきた。

二月

二年間ほぼ毎朝、お父さんは仕事に行かれる前に学校までまみちゃんを送ってこられる。タクシーの時もあるが、並大抵のことではないと思う。家族の愛情を感じずにはいられない。人は、ましてて子どもたちは、親の愛が一番の栄養だろう。車の中のまみちゃんのお父さんの笑顔に、私も心が温まる思いがする。

朝のマラソンに入る前に、まみちゃんは自分で作業室へ行き、ラジカセを準備して音楽を聴きながら編物をしていた。家庭科の時間に刺し子をすると、器用に、針を布の上から刺し、下からすくってはまた刺していく。糸がもつれると考え込んで、「せんせい、きて、きて」と呼ぶ。運針も好きなようだ。家庭科はまみちゃんの好きな教科のひとつだ。

少し風邪気味のようだが、まみちゃんはスキー移動教室から帰ってきてもあいかわらずがんばっている。今日は、来年度の新入生の保護者会が行われる。早いものだ。とにかく一か月も一年もすごいスピードだ。年をとると時がたつのが早くなるというが、もうすこしゆっくり過ぎてほしいものだ。

国語の時間、電話で話す練習をしたら、まみちゃんは大喜び。話すことが大好きなのだ。自分の気持ちを表すことができるのは、やっぱり言葉だから。言葉はすごい力となる。ここ二、三日、急に文を読む力がついてきたようだ。「花がさく」という文を「は、な、が、さ、く」とはっきり発音し、読み、意味も理解していた。「学校へ行く」を「がっこうへいく」と、これも読んだ。漢字もカタカナも、自分から練習する。字は確実に記憶し、意味も理解している。私が提示しても興味を示さない字は見ない。自分の生活している中で興味があったり、必要を感じている字は「これ、なに?」と聞いてくる。これが真の教育なのかもしれない。自分で覚えたい、書きたい、わかりたいという意欲を引き出すことが大事なのだと思う。どの子も無理矢理画一的に指導されると身につかないだろう。自分が欲しくないものを、無理矢理させられてもまったく身につかない。食事も同じ。腹いっぱいなのに、無理矢理食べさせられたら吐いてしまう。こぼれるだけだ。一人一人の子どもの学ぶ「量」や「時」や「こと」はまったく違うと思う。

熱を出して、三日間欠席した。やっと登校してきたが、元気な様子なので安心した。少し喉がいがらっぽいのか、トローチを自分でなめている。給食はいつものとおり食べられたので、大丈夫だろう。

まみちゃんは文を読むことが大好きで、「わたしは、ちゅうがくにねんせいで……」という文章を渡したら、一字、一字、全部読み、途中カタカナのカントリー・ロードという単語も一字、一字読んで理解しているようだった。「ロ」の発音が難しいようだが、大勢の前でも文章を読めるようになった。

音楽の授業で先生が「みんなのリクエスト曲を言ってください」と言ったら、まみちゃんが「カントリー・ロード、やりたい」と言ったので、全員でカントリー・ロードをうたうことになった。自分の気持ちをみんなに言葉で伝えることができて大喜びだった。連絡帳に「自分の気持ちを伝えるようになりました」とお母さんも書かれていたが、自分の気持ちを言葉で相手に伝えることができると、精神的にも落ち着いてくるのだろう。とてもいい顔で一日中過ごしていた。

他にも風邪で休んでいる生徒が二人いて、今週はとうとう全員そろう日がなかった。まみちゃんはひさしぶりに学校へ来たので、私の背中におぶさって「せんせい、せんせい」と甘えていた。

ここのところがんばってみんなといっしょに教室で授業を受けている。作業室に行って、一人で好きなことをする様子もない。精神的にも穏やかだ。合奏の練習も、二時間、やめるとも言わず、三曲いっしょうけんめいに練習した。出だしが遅れても、途中から合わせて弾き始める。言葉も多く出てきて「かずくん、さむいよ」と友達にはっきりした発音で、自分の気持ちを伝える。話す言葉も、口の形を気にして発音している。　外国人講師のパリス先生に「オー、マミコ、シーユー」と声をかけられ、まみちゃんが「シー、ユー」と応じたので、先生が驚いてかけ寄り「すごいねえ」と言って帰っていった。はっきりとした英語の発音だったので私も驚いた。

二月十六日金曜日（日誌より）

今週は教室でみんなと同じようにがんばって、まみちゃんは作業室へ行かなかった。しかし、給食のかたづけが終わると少し興奮して、物を投げた。数分足らずの短い時間で、すぐ落ち着いて「ごめんね」「せんせい、ごめんね」と、自分が興奮したことを悪いと思って謝っていた。

小学校との交流会で、まみちゃんは小学生の前で「中学になると」という作文を読んだ。途中、小学生が音を立てると、「こらっ」と言って注意し、また読み続け、興奮するかと思ったが、そのまま落ち着いて帰ってきた。

その後、友達のふで箱をとりあげてふざけているので、どうするのだろうと様子を見ていたら、しばらくして「はい」と言って返していた。字の練習もして、枠のない白紙を渡すとさっさと書く。難しい漢字の書き順も、ほぼ合っている。「せんせい、くびつかれた」「いいこ、いいこ、してね」と言うので、首のマッサージをすると、「きもちいい」と言ってまた勉強を続ける。友達の名前も、一人一人の性格も、じいっと見ていて、時々ほめたり、注意したりしている。

数字も1～5まで数えてから、書き始め、何か月も同じ練習をし、繰り返し繰り返し学習していく。ゆっくりゆっくり、ひとつずつ確実に自分のものにし、自分の中で自信をつけてから、次の学習に入っていくのだ。子どもはゆっくりあせらず、いろんなことを体験しながら成長していくのだと思う。

神谷先生が「カントリー・ロード」の曲をピアノで弾くと、まみちゃんは側に行ってうたい、大喜びをしていた。私が元気がない時はすぐにわかり「せんせい、だいじょうぶか?」「せんせい、だいじょうぶか?」と言って、心配して慰めてくれる。まみちゃんに励まされ、私もがんばらなければと思う。仕事が楽しみというのは幸福なことだ。

遠足

遠足で、お台場のフジテレビを見学した。学校から立川までバスで行き、立川から電車で東京駅まで行った。バスと電車を乗り継ぎ、階段の昇り降りが多いので、まみちゃんにとってはかなり厳しいコースだ。どれくらいみんなといっしょに行動できるのかが心配だ。途中、階段で苦しい時が何度かあったが、座り込むこともなくみんなについていき、無事帰ってきた。こうして、ひとつひとつの行事を体験しながら、学習をし、成長していく。仲間についていこうと、自分で努力し、戦っているのだろう。よくもまあ一日中、このコースを歩いたものだと感心する。

三月

三学期・期末テスト

今日から期末テスト。下校が早いので、午前中授業。ひさしぶりに朝から雨。登校して、さっさと着替える。最近は、立ったまま全部の更衣をする。友達の着替えを見て、自分も挑戦している。ひとつひとつ確実にできるようになって「すごいねえ」と言うと、「どう、すごい?」と返してくる。指を一本出して「一人でやるの」と言っている。こんな会話の中にも、生きようとしている子どもの姿を見落とせない。

期末テストでは、国語と数学のテストをした。プリントにコップを書いてから、数を数えて数字を書くのだ。スラスラとできた。音楽の合奏では、「サザエさん」の曲を全部覚えて、最初から最後まで、一人で鉄琴を弾いた。大喜びで、またひとつ自信がついた。

休み時間に、「オハロック」をみんなでうたって踊って遊んでいた。音楽の時間、合奏をする時「せんせい、あっち」と言う。音階もすっかり覚え、自分で一人でやりたい、できるようになったという気持ちから「せんせい、あっち」と言うのだろう。私は離れて見守ることとした。合奏終了後、ほめてもらいたいらしく、まみちゃんはしきりに神谷先生のほうを見ていた。自分でできることを認めてもらいたいのだ。どんどん離れて成長していくので、寂しい気持ちもしてくるが、まみちゃんはなんでも自分でやろうと努力してがんばっているのだ。

一日中、会話もはずみ、言葉が次から次へと出てくる。私にもいろんなことを話してくれたり、励ましてくれたりする。素直で思いやりがあり、なんとも表現できないくらい心にじーんとくることがある。日々の目に見えないようなわずかな成長や変化の積み重ねが、一年間を通してみると、精神的にも、肉体的にも、ものすごい成長へとつながっていることに気づかされた。

卒業式の予行練習には、座って参加した。まみちゃんは、じいっと座っている。卒業生の歌が始まると、真剣に聞き入っている。歌詞を覚えようとしているのか心で歌を聞き取っているのか、練習が終わるまで参加した。途中で、私を呼び「すごいねえ」と卒業生の歌をほめていた。卒業式だとわかっている。少ししんみりとしている様子だ。

教室に戻り、学活をした。給食を食べて、午後は、畑にトウモロコシ、大根を植えることになっていたが、「いかない、どうぞ」と手を出す。私に他の仕事をしてくださいと言っている。こんな余裕も出てきたのだ。驚くばかりだ。

卒業式

天気も良く、春の陽に梅の花が満開だ。卒業式。「I組」は、今年は三年生がいないので、クラスからの卒業生はいないが、朝からしんみりしている。まみちゃんは式の途中から涙、涙。送る言葉に感動し、歌に感動し、心に響き、深い心の底からの感受性が湧き出るのだろう。どんどん感情も豊かに成長している。まみちゃんが何もできない、わからない子どもだと思ったら大間違いだ。何もかも感じ取り、理解している。まわりの状況を見て、きちんとした態度で二時間あまりの長い式に参加していた。りっぱだった。いよいよ来年は、まみちゃんが卒業していく。一日、一日を大切に大切に過ごしていきたいと思う。

まみちゃんが朝から私にたくさん話をしてくれた。卒業式で、心に感じることがいろいろあったのだろう。これから、自分ががんばると言っているようだ。自分の気持ちをいっぱい話してくれているのを聞いていると、ほんとうに様々なことを思って考えているのだなあと思う。学年集会の時間が来たので体育館に行き、一年間の反省を発表。「わたしは、いろいろ、がんばりました。これからも、がんばります。ありがとう」としっかりとみんなの前で発表した。しかも、自分でマイクを持って、はっきりとした発音で話していた。通常学級の生徒も静かに真剣に聞いていた。大勢の前で、こんなに堂々と字を読むとは、入学当初には想像もできなかったことだ。二年間の月日の中で、少しずつ自信をつけながら、自分の中でいっしょうけんめいに字を覚え、書いて努力した結果だ。

二年生・修了式

今年度は今日で終わる。まみちゃん、中学二年の修了式。体育館で式があり、しっかり参加している。式が終わり、みかちゃんといっしょに立って教室へ。今では、無理に立たせることもない。教室で学活を始めようとして、まみちゃんの机を見ると、ポールペンで「1・2・3・4・5」と「1・12・13・14」「家・水・木・足」と書いていた。

大空

まみこ

みどりの朝

おおた きみこ

1 あ行　a　i　u　e　o
あ　い　う　え　お

●aiueoの五文字を母音といいます。
●母音は、ローマ字でもっとも大事な文字です。しっかりおぼえましょう。

✿ あ行のローマ字を練習しましょう。

上の線と二つめの線の中ほどに。

a i u e o

名前（　　　　　　　　　）

二〇〇一年　春

二年生の一年間は、物を投げることがも少なくなり、興奮してパニックになることも数回だけでした。トイレは、声かけをすると教室の隅に走っていってしまいますが、すぐに友達といっしょに歩いて行きます。グランドや体育館に座り込んで動かなくなることもなくなりました。いつの間にか、自分の足で立ち、歩いていました。授業では、マラソンはなぜか「やらなーい」と言って、あまり外へは出ませんでした。他の生徒がマラソンをやっている間、字の練習をしたり、編物に夢中になっていたりしました。ひらがなは全部読めるようになり、自分から書く字は「そ、や、お、ま、み、め、こ、水、木、花、足、家、学校」など、視写ではなく何も見ないで書くことができます。

三学期に入って、数と物との対応を初めて理解したようで「一、二、三、四、五」と読んで、数えていました。英語も興味を持ち始め、「A、B、C」と書いて発音するようになり、着替えも立ったまま、椅子に座らずにできるように練習を続けていました。

内面的にも安定した状態の一年間で、心の成長がまみちゃんの目から読みとれました。何事もゆっくり、ゆっくり、成長していき、確実に、自分で、自分の力でやろうとしていることがわかります。手助けをすると断られることも多く、ほんとうに自立したいと思っているようでした。子どもは自分の力で生きようとして、まわりを見て、感じ、学び、まねをして練習し、何回も何回も失敗を重ねながら身につけていくのでしょう。良いところをほめて認めていると、いつの間にか、悪いところが消えていることに気がつきました。つい、子どもの失敗をしかることでしつけをしたり、二度と失敗させないようにと、その点を注意してしまいますが、子どもも大人も弱点や欠点ばかり見て注意されると、心の中にゆがみの形で残り続けてしまいます。怒ったり、しかったりするのが、早くその子を良い子にできるように思いますが、実はかえって遠まわりになってしまいます。子どもの遊びも、反抗も、失敗も、その中で学び取っていることが必ずあることを、まみちゃんによって知らされました。

私は長い間多くの生徒と出会い授業を通して接してきましたが、一人一人の生徒の成長がどれだけ見えていたのでしょうか。たった一人の生徒にこれほどの感動を与えられていることを考えると、今までは生徒の成長や努力が見えていなかったのではないかとさえ思います。心をもって生徒に接していかなければ伸ばせる能力も伸ばしてあげられないのではないでしょうか。これからも、あせらず怒らずゆったりした心で、一人一人の生徒の能力を見落とさず、伸ばしていかなければと改めて思います。それは学習面だけのことではなく、人として生きていく時に大切なやさしさ思いやりを発見できた時にも見逃さずほめようと思っています。しかられてばかりいては、人をしかることしかできない心の目を持ってしまうと思います。クラスの中でも一日一回は「今日はだれだれは良かったよ、こんなこともしてくれたね、クラスの仲間はほんとうに素晴らしいよ」とほめるように心がけています。やさしい心と見逃さない目を持って、ひとつひとつの発見を次の日の成長につなげていきたいと願っています。

まみちゃんとの記録は、障害者を持つ親にも我々教師にもこれから必ず何かの役に立つのではないかと思います。それぞれの受け取り方や考え方もあると思いますが、少なくとも健常児・障害児の区別なく、能力が今この時点で出ていないからといって「できない子ども」「能力がない子ども」などとは絶対に決めつけられないと思います。そして、そうではないことを一人でも多くの大人が理解し始めた時に、子どもたちは真の個性を、それぞれの能力を発揮していくのだと思います。しかも、そのことが、大人も子どももそれぞれがお互いの人間を認め合うことにつながっていくのではないでしょうか。決して「この子は、不幸な子どもね」「私は、不幸な親ね」などと思うことはまったくありません。むしろ、まみちゃんの成長が私を考えさせ、成長させてくれたように、子どもを通して自分自身が教えられ、成長させられ、よりよく変わっていくのだと思います。

まみちゃんのお父さんもお母さんも、まみちゃんが中学校へ入学して以来、いろいろと心配で心配でたまらなかったことだと思います。しかし、もう大丈夫です。今は私も自信を持って「まみちゃんは成長していますから大丈夫です。楽しみです」と答えられるようになりました。入学当時はまだまだコミュニケーションがとれず、その日その日どうしていいかわからず、途方に暮れる日々が続きました。とにかくまみちゃんのすべてを受け止めるようにし、その中から「できたこと」「よかったこと」をひとつひとつ見つけて認めていこうという手探り状態でした。そして、私の中の心の枠を大きく広げた時に、この指導方法が少しずつ成果を上げてきたのです。恥ずかしい話ですが、過去何十年間もの教師生活を深く反省させられました。

しかし、お父さん、お母さん、そしてご家族の愛がそこにあったからこそ成果を上げることができたのだと思います。これだけは絶対に教師だけではできないものです。このまみちゃんを包み込む家族の愛が持っている能力を輝かせ始めたのです。日頃「愛」と何気なく使っていますが「見返りのない愛」に包まれていればこそ安心して自分の能力をゆっくりと発揮し始めることができるのだと思います。畑があっても、太陽も水も栄養もなければやせ細った野菜しか育ちません。いや育たずに、枯れてしまうと思います。人の子も同じです。私はまみちゃんとの記録をつけることによって、自分自身が気がつかなければならなかったことが多くあり、自分自身の今までの心の狭さにびっくりし考え直す機会となりました。

決して急がず、あせらず、無理をしないでゆっくり見守っていきたいと考えています。無理をしたために芽をつんでしまうことが多い今の社会全体、教育の現場もそうですが、すべては「無理をさせることが原因」であることに気がついて、もっと心の成長の教育に重点をおいてほしいものです。子どもには子どもの発想があり、一人一人思いつきも違うのに、ある子はできる子、ある子はダメな子、学習にしても、性格にしても決めつけてしまってはその子どもを伸ばすことができるはずがありません。

お金や物に執着し、心をあらぬほうへ置いてみても、結局は「人は心の成長のために生きていくもの」なので、自分自身の心が成長する方向へと歩んでいかねばならないでしょう。人・人・人の世の中であるが故に、教育者も「心・知・体」という三面の教育を真剣に考えていかなければ、たった一人の生徒さえも教育するどころか、教育によって心身ともに滅びさせてしまうこともあることに一日も早く気づかなければと思います。それこそ素直な、謙虚な心になって、自分自身の意識を変えていかなければならないと感じます。

障害を持っている子どもたちがどれだけひとつひとつのことに正直に素直に生きて努力していることでしょうか。今まで大人が健常児と呼ばれている通常学級の子どもたちに要求していた何かが誤っていたことに気がついて、一人一人の子どもに目を向けていかなければと思います。

障害を持ちながら、いろいろな方面に活躍し、世に名を出されている方も多くあります。身体障害があるから、知的障害があるから、これもあれもできない、無理などという考え方は一方的で差別的な考え方です。人はそれぞれいろいろな分野の中で個性や能力を発揮していくものだということを改めて知ることになりました。

人は人からしか人の心を教わることができません。「自分以外は皆師」という言葉もあるように、指導者としてどうあるべきかを日々の実践の中から、生徒に指導されて初めて指導者になっていくものだと思います。

質問をしない生徒はダメな生徒だと言う人もいますが、質問できるように指導していない教師のほうが問題であると言う人もいます。どのように何を質問すればいいのか指導されていないものを「質問しなさい」とは無理な話です。私は「あいうえお」さえ理解できなかったまみちゃんに出会えたからこそ、言葉や数字を、そしてまみちゃんは何をどう理解しようとしているのかということを考えていくところから出発できたのです。

自分が教え込むのではなく、相手が何を知りたいのか、何をやりたいと思っているのかを理解しようとすることは、相手を思いやる心、ある意味ではその人に対する深い愛からの出発なのではないかと思います。四月からいよいよまみちゃんも三年生です。最後の一年を大切にしたいと思います。生徒は一人残らず、一日一日成長していることが実感できました。まみちゃんはいつでもすべてに「ありがとう」と言います。この心と言葉が、まみちゃんの成長に関係があるように私は思います。

羽根のない天使2（おかあさんの手記より）

私の娘は、私たち夫婦を親に選んで産まれてきたのだと信じています。可能な限りこの娘にチャンスを与え、笑みを絶やさない努力をしてきています。娘は毎日学校へ通い、友達と話をしたり、マラソンをやり、先生に甘え、そして学ぶことが大好きです。ほんとうにこの学校を選んで良かったと思っています。

親が学校や地域に関わる時は、ほんの一時期、子どもが親を必要とする思春期です。この時期に関わらずに、どこでするのでしょう。特に、障害を持った子の親は、積極的に関わっていくと、少しずつまわりが変わってくるのがわかります。

世の中は、目で見ることはできないけれど、肌で感じることはできます。この子は、今青春を楽しみ出したところです。自分の居場所があり、手先が器用で、夢中でリリアンの編み物に挑戦しています。漢字やローマ字にも取り組んで、首が痛い腕が痛いと言いながら、寝る時間も惜しんで続けています。今のこの子にとって、私たちは、生活の手助けをする人です。

時折、夫と出かけ、留守を頼んでも「バイバイ」と実にそっけない返事。子どもから大人へと成長し出しています。我が家は、裕福ではありませんが、娘に注ぐ愛情や、居心地の良い家庭を作ろうという努力では誰にも負けません。

娘がこれだけ学校や地域にとけ込み、育ってきている以上、次のステップを考えなければなりません。この子たちの高校卒業後の進路保証がないのです。市の施設などは満杯の状態とささやかれています。

なんとかしなくては！

誰かがやるのを待っていては手遅れになります。自分たちでやるしかありません。同じ考えを持つ同志を募って集まり、市の現状を話し合い、行動に移しました。子どもの進路保証を考える会「ミックス・ジュース」の誕生です。この会は「障害児の親という立場で団結をしよう」と結成した組織で、そのお誘い文を、各養護学校、心障学級に配りました。前途多難ではありましたが、とにかくスタートをしました。

平成十二年の八月には、親子・各養護学校の先生といっしょに市と交渉をし、市長に要望書を手渡しました。その結果を待ち、十二月の議会へ向けて陳情書も作成し提出しました。ロビー活動も行いました。厚生文教委員会の日には、早朝から親と先生が集まり会議を傍聴しました。結果は「趣旨採択」でした。まず第一歩は踏み出せました。十二年度の東大和市の四人の卒業生の進路は確保されました。

皆が力をあわせれば、道は開かれていきます。

今、娘は編み物に夢中で、一人でいる時も会合の時でも、静かに黙々とやっていることができます。言いつければ、ビデオを入れたり、テープもＣＤも自分でセットして聴いています。ここまで一人でできるようになるとは、正直のところ私たちは思っていませんでした。このところ毎日が発見の連続です。

将来、娘が朝家を出て夕方帰宅する。この生活を送ることが私たち家族の願いです。この子を見ていると毎日が楽しそうです。それが、私にもうつるのか、夫は「お前を見ていると、実に楽しそうだね」と言います。答は「イエス」。ほんとうに、毎日が楽しくて充実しています。

来年は高校生。親子二人で電車通学をする予定です。私にとってその三年間は、家と学校の二往復になりますが、その覚悟はできています。その学校を見学した時、教頭先生が「学校を卒業して社会に出ると実に厳しい。最後の学校生活を楽しい思い出となるようにしたい」と挨拶され、それでこの学校を選びました。

この子を授かったおかげで私も幼い心を持ち続けて生きていけます。心まで年をとってはなりません。道端の小さな花や、落ち葉、それらをいとおしげにずっーとにぎっている、そんな娘を見ているとなぜか心がやさしくなります。

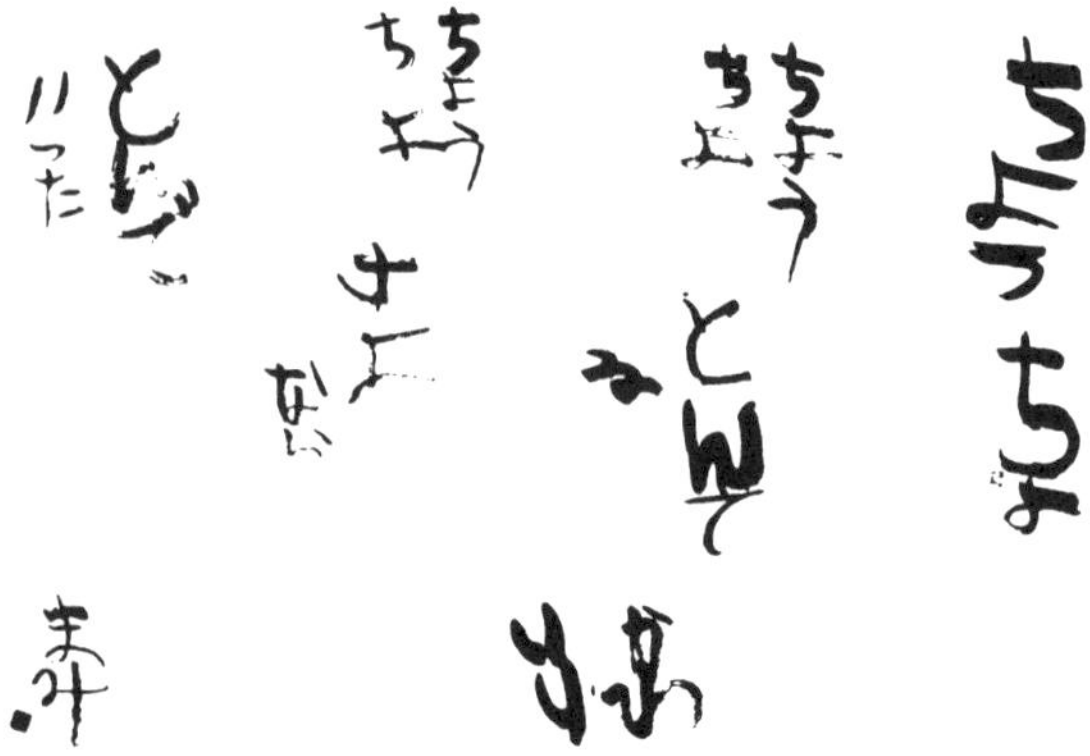

ちょうちょ

ちょうちょ　とんでる　かわいい

ちょうちょ　さよなら

とんでいった

まみ

まみちゃん　三年生の記録（あとがきにかえて）

桜の花が満開です。いつもよりやさしく、そして夢のように見えます。まみちゃんは卒業していきました。自分一人で階段を昇り、校長先生から卒業証書を受け取りました。三年前に夢のように願っていた光景でした。

最後に、あとがきにかえて、まみちゃんの三年生の記録の抜粋を載せたいと思います。

一学期・始業式　まみちゃん、いよいよ三年生。始業式で背筋を伸ばして校長先生の話を聞いている。次の日の入学式で「「一年生の面倒をみてね」とお願いしたら「うん。いいわよ」と言って、目がキラキラ輝いていた。

春の遠足　今年はクラス十三名で、昭和記念公園に行く。まみちゃんは、ピンクのシャツを着てさっそうと歩き出す。最高の天気で気分も良く、暑い一日だったががんばって歩いた。最近のまみちゃんは、セーラームーンが大好きで、歌もよくうたっている。「セーラームーン」と初めて視写することなく、カタカナで書いた。

修学旅行　秋田、岩手へ、二泊三日。まみちゃんにはハードスケジュールの旅行だったが、無事元気に帰ってきた。旅行では、ソーラン節がすっかり気に入った様子。帰りの新幹線の中で「また、りょこういこう」と言って、このまま旅を続けたいようだった。

バスケットボール大会　まみちゃんにとって最後の大会。一、二年生の時はコートの中に入ることもできず、参加できなかった。しかし、今年は、みかちゃんといっしょにコートの中に立っていた。とにかく立っていただけなのだが、二試合とも参加した。閉会式の時に、みんなで「ビリーブ」の歌をうたったら、最後に泣き出し「せんせいおわり、せんせいおわり」と言った。三年生だから、これが最後だからがんばったと言っている。帰る時も「せんせい」と声をつまらせていた。まみちゃんは、自分の力の限り参加し、がんばった気持ちを伝えたいのだろう。帰りの車の中では、満足した笑顔でよく笑っていた。

一学期・期末テスト　数学は、1～10までの数字を書き入れ、物の数を数える。形の学習では、どの形も認識し、型にはめていくことができた。国語の漢字は「水・木・空・手・口・足・学校」と何も見ないでかける。ひらがなは全部読め、カタカナで読める字も十個ぐらいある。英語は何も見ないで「A、B、n、C、E」などが書けた。

一学期・終業式　通知表を受け取ると大喜び。自分が努力した証である。六、七月は興奮することもなく、まわりを冷静に見ているようだった。

夏休み水泳指導　三年生になって、初めて口と鼻を水面につけるようになった。突然、自分でやり始めた。

二学期・始業式　いよいよ、中学最後の仕上げに入る。すっかり三年生らしくなり落ち着いている。「あついねえ」と自分から話しかけ、言葉がはっきりしている。学校は友達がいて楽しいのか、ケラケラ笑いころげている。

体育大会　最高の天気に恵まれた。まみちゃんは、八〇〇メートルでは、一周の二〇〇メートルを走り、一〇〇メートル走は全部走り、リレーも一〇〇メートル走った。ほんとうによく走りきった。走り終わったあとは、少しつらそうで、座って呼吸を整えていた。閉会式まで参加し、帰りには笑顔を見せて下校していった。こうして、まみちゃんの中学校最後の行事がひとつひとつ終わっていく。

展示発表会　校内の展示を見学に行く時、階段の手すりを持たず、私の手をにぎって一段一段昇った。ひとつひとつの作品を見る眼が違い、力がこもっていた。帰りの準備をする間「まだまだよ」「まっててよ」「いいじゃない」と会話でふざけていた。家では「石鹸をつけて顔を洗い、一人で入浴をすませ、リリアンを編んだり、音楽を聴いたりして一人で過ごすことができるようになりました」と連絡帳に書いてあった。

マラソン大会　三年間、まみちゃんは休まずマラソン大会に出場した。出発前からすごくはりきっていたが、出発後、グランドの途中で座り込んでしまった。膝が痛くて立てないらしい。気持ちに体がついていかないようで、自分でも少しがっかりしているような気がした。しかし、確実に体も強くなってきた。

卒業写真撮影　一人で椅子に座って卒業写真を撮るのが恥ずかしいらしく横を向いてしまった。日を改めて、もう一度写真撮影を行うことにした。二回目は慣れてきたようで、カメラの前でポーズをとり、まわりを楽しませてくれた。十月に入ってから、「たし算」に興味を持ち始めた。理解しようと集中し、もう一度教えて、もう一度教えてと言いながらしばらく「たし算」をやる。

宿泊学習　二泊三日の宿泊学習で山梨に行く。バスの中でセーラームーンの歌をうたっていた。就寝前に「まったく、しょうがないわねえ」と言いながら部屋のかたづけをしていた。すごく元気に宿泊学習を終えて帰ってきた。

合唱コンクール　「世界中の子供たち」「夏の日の贈り物」「にんげんっていいな」の三曲を合奏した。指を回して合図をしてほしいと言ってはりきっている。行事は大好きでいつも「がんばる」と言う。校長先生から努力賞をステージで受け取り、大満足で帰っていった。十一月の初め、給食を食べていたら突然涙をポロポロこぼしながら「せんせいありがとう」「せんせいありがとう」と言い続け、この三年間のお礼を言っているように思えたことがあった。こんなに人の心に訴えられる心を持ち、成長した姿に私は感無量だった。

二学期・期末テスト　物と数との対応は1〜5まで、数を言って何度も1、2、3、4、5と学習していた。「目、口、手、足」と漢字も書いて大満足。ほんとうに確実に学習している。年賀状を自分で書いてクラスの友達に出すと言って、一枚一枚「あけましておめでとう」の字と馬の絵を描いて楽しそうにしていた。

クリスマス会　クラスのみんなで手作りのケーキを作り、モンゴルの方にモンゴルの楽器「馬頭琴」を演奏していただいた。まみちゃんは初めて聞く音に興味を持ち、少々興奮しながら耳を傾けていた。

二学期・終業式　体育館は寒かったが、最後まで参加した。欠席することなくこの二学期よくがんばった。

三学期・始業式　「あけましておめでとう」と挨拶すると「あけましておめでとうございます」とまみちゃんの挨拶が返ってきた。「よろしくね」と言うと「いいわよ」と返事をした。

卒業を祝う会　小学校との交流会で、卒業を祝う会に参加した。卒業生は思い出の作文を読むことになっている。まみちゃんの順番がまわってくると「はい」と言って立ち上がり、緊張はしているがやる気満々で「わたしは……」と読み始め、発音のはっきりしないところもあるが私にはよくわかった。最後まで読み終えた。「いよいよ、卒業だね」と言うと「いいよ」「ありがとう」と言って少し寂しそうだった。

入学発表　養護学校高等部の入学発表があった。いよいよ、四月からまみちゃんは養護学校高等部に通うことに決まった。まみちゃんは卒業式を意識してか、少し静かな雰囲気がする。すっかりお姉さんの表情だ。卒業式まで残り十七日。三年間のいろんな思い出がよぎる。これほど落ち着くとは考えられないことだった。

卒業式　式が始まる前から、まみちゃんは涙、涙、涙。私も、川のように涙が流れる。卒業する日が来ることはわかっていても、まみちゃんがこんなに成長して卒業するとは想像できなかった。階段を一人で昇り、りっぱに校長先生から卒業証書を受け取った。階段を降りる時は、介助の方といっしょに降りて自分の席に座った。卒業式が終わり、全校生徒に送られて校門を出て行く。もう、まみちゃんの涙は止まらない。まみちゃんは、これからもゆっくり自分のスピードで歩いていけばいい。だいじょうぶ、だいじょうぶ。一歩、一歩が、いつか二歩、三歩になって成長するのだから、ゆっくりゆっくり歩いていけばいい。

これで、三年間の記録が終わりました。まみちゃんの三年間の記録とともに、自分自身が教師としても人間としても成長してきたことが、私にはよくわかります。まみちゃんを育てているつもりが、自分が育てられていたことに気がつきました。まみちゃんは、心の眼でまわりの人を見て、心で思いやりを放つ。まみちゃんはそういう人です。あせらないこと、感謝すること、たくさんのことをまみちゃんに教えられました。

まみちゃんありがとう。

そして、三年間、いつも私といっしょに働き、支えてくださった皆様にも心から感謝いたします。

また、この本をまとめるにあたって、左田野真美さん、けやき出版編集部長の交易場修さんにも大変お世話になりました。深く感謝を申し上げます。

ありがとうございました。

甲斐眞理子

●**甲斐眞理子**（かい まりこ）
昭和25年（1950）佐賀県生まれ。東京女子体育大学（短大）卒業。昭和46年（1971）から26年間、東京都多摩地区の公立中学校保健体育科教諭として勤務。平成８年（1996）から中学校心障学級の担任を勤める。

●**左田野真美**（さだの まみ）
昭和34年（1959）山口県生まれ、三鷹市在住。國學院大學文学部文学科卒業、文学座付属演劇研究所第21期卒業。第15回サンリオ文化賞最優秀童話賞受賞。「いちごえほん」（サンリオ出版）に幼年童話執筆。はつらつポケット文庫「ミズノモリ」「ワニワニワールド」（日本標準教育研究所）刊行。取材原稿・童話・シナリオ等のライターとして活動。

まみちゃんのハッピーロード
——ダウン症児と教師の学び合いの記録——

2002年8月2日　第1刷発行

記　録　甲斐眞理子
構　成　左田野真美
発行者　清水定
発行所　株式会社けやき出版
〒190-0023　東京都立川市柴崎町3-9-6
TEL 042-525-9909
FAX 042-524-7736
印刷所　株式会社大廣社

ISBN4-87751-171-7 C0037

けやき出版の本

青木悦 著
「子どものために」という前に
――子育て私の場合

●「特に母親は、子どもを自分の通信簿のように思いこまされている人が多いのでがんばりすぎてしまいます」「誰にでも当てはまる正しい子育てなんて存在しない」――自分を責めすぎず、あるがままの今を受け入れて生きることを語る。　四六判（二〇五頁）／一四〇〇円

岩瀬泰子 著
育て！ことばの樹
――ことば育ては、まず家庭から

●「自閉症と宣告されたMちゃんも立派にことばを獲得して小学校へ堂々と入学しました。今、お子さんのことばの発達の遅れに悩むお母さんが増え、私も毎日相談や指導に明け暮れています」。聴能言語士による子育てとことば育ての本。　四六判（二〇〇頁）／一五〇〇円

佐原龍誌 著
「体育がきらい！」って言ってもいいよ

●「敗者である子ども、できない子どもの心まで傷つけ……不登校や自殺にまで追いつめてしまっているとすれば、やはり問いかけ直してみる必要がある……」。運動音痴の子どもたちのできない痛みを理解し、エールを送る体育教師による本。　四六判（一九八頁）／一二〇〇円

（定価はすべて税別です。）